Hin und weg!

Gitta Groer

Hin und weg!

Mein Erlebnis Jakobsweg

Bibliografische Information der Deutschen Nationalbibliothek:
Die Deutsche Nationalbibliothek verzeichnet diese Publikation in der Deut-
schen Nationalbibliografie; detaillierte bibliografische Daten sind im Internet
über http://dnb.dnb.de abrufbar.

2. Auflage
Fotos: **Gitta Groer**
Herstellung und Verlag: BoD – Books on Demand, Norderstedt

ISBN: 978-3-7357-5949-8

Warum ich den Jakobsweg gegangen bin? –

Ganz einfach! - Weil ich es wollte!

Jakobsweg? - Ich? - Niemals!

Noch vor nicht all zu langer Zeit, hatte ich den Gedanken den Jakobsweg zu gehen, weit von mir gewiesen.

Nun bin ich doch unterwegs und bereits am ersten Tag hat er mich gepackt - der *Camino Francés*, der Jakobsweg in Spanien.

Wandern gehe ich schon immer gerne, am liebsten im Odenwald, da kenne ich mich aus, und am liebsten alleine. Ich wähle aus einem meiner Wanderbücher eine landschaftlich reizvolle Strecke über maximal fünfzehn Kilometer aus, packe etwas Proviant in meinen kleinen Tagesrucksack und bin den ganzen Tag unterwegs. Ich genieße die Ruhe, lasse meinen Gedanken freien Lauf, bleibe immer wieder stehen, schaue in die Gegend und erfreue mich an Landschaft und Natur. Zwischendurch setze ich mich auf die eine oder andere Bank und ruhe mich ein wenig aus, suche mir einen ruhigen Picknickplatz, liege im Gras und träume in den Himmel.

Als vor einigen Jahren eine Freundin mir vom Jakobsweg erzählte, musste ich mich erst einmal informieren, was genau dieser Weg ist: Ein Pilgerweg mit Ziel Santiago de Compostela in Spanien, auf dem sich sehr viele Menschen bewegen, in einfachen Herbergen übernachten und bedenkliche hygienische Verhältnisse in Kauf nehmen. So war zumindest meine Interpretation.

Dann wurde ein Buch von Hape Kerkeling publik: *Ich bin dann mal weg*. Gelesen habe ich es nur deshalb, weil es mir als sehr kurzweilig empfohlen wurde. Ich gebe zu, das Buch hat mir sehr gut gefallen, meine Meinung über den Jakobsweg war allerdings danach noch mehr gefestigt. Niemals hätte ich Lust mich in einem riesigen Pulk von Menschen durch öde Landschaften zu bewegen, Städte zu durchwandern, kilometerlang an verkehrsreichen Straßen entlang zu quälen, in überfüllten Schlafsälen zu nächtigen, mir von Schnarchern den Nerv töten zu lassen und morgens in aller Frühe, gar ohne gefrühstückt zu haben, los zu laufen. Tag für Tag. Bei jedem Wetter. In brütender Hitze oder noch schlimmer, im strömenden Regen. Niemals!

Trotzdem ließ mich der Gedanke an den Jakobsweg nicht los. Ich las weitere Bücher über den Pilgerweg und setzte mich gedanklich immer wieder mit dem Thema auseinander.

Schließlich traf ich auf einer Geburtstagsfeier einen alten Bekannten, der einige Monate zuvor einen Teil des Camino Francés gelaufen war. Er, den ich bisher als ruhig und fast introvertiert erlebt hatte, erzählte mit einer solchen Leidenschaft von seinen Erlebnissen auf diesem wohl bekanntesten Jakobsweg, dass ich völlig beeindruckt war und ihm noch stundenlang hätte zuhören können.

Nun war meine Neugierde endgültig geweckt.

Der Gedanke doch ein Stück des Jakobsweges zu laufen, reifte zwar noch mehr als ein Jahr, wurde dann aber plötzlich sehr konkret. Nun wollte ich es wissen!

Über mich selbst erstaunt, buchte ich ziemlich kurz entschlossen einen Flug nach Madrid. Ich wollte ebenfalls einen Teil des Camino Francés gehen und stellte mir für mein erstes Jakobswegerlebnis, Santiago de Compostela als Zielort vor. Bei siebzehn Urlaubstagen, einem Tag An-, einem Tag Abreise, einigen Tagen Aufenthalt in Santiago und einer Strecke von etwa zwanzig Kilometern am Tag, nahm ich mir als Startpunkt Astorga vor, etwa 270 km von Santiago entfernt. Die notwendige Ausstattung war mit der Zeit angeschafft, einige hilfreiche Informationen eingeholt, mein Abenteuer Jakobsweg konnte beginnen. Entweder würde ich die Erfahrung als ganz fürchterlich empfinden und wäre für alle Zeiten von diesem Spleen geheilt oder es würde mich ebenfalls packen.

Bereits nach wenigen Stunden Pilgererfahrung war mir klar, dass ich zukünftig ebenfalls leidenschaftlich vom Camino erzählen würde.

Anreise nach Astorga

Am frühen Vormittag des 22. August lande ich in Madrid. Nachdem ich meinen Rucksack vom Gebäckband genommen und ihn aus der Schutzhülle geschält habe, werde ich von hinten angesprochen:

„So, sie sind also auch Jakobspilger?"

An der Jakobsmuschel, die außen am Rucksack baumelt, gebe ich mich als Pilger zu erkennen.

Eine fünfköpfige Gruppe, ein Paar in meinem Alter mit drei fast erwachsenen Söhnen, steht mir gegenüber. Damit wäre bereits die erste Pilgerbekanntschaft geknüpft und mit dem beruhigenden Gefühl sich nicht alleine durchschlagen zu müssen, machen wir uns gemeinsam auf die Suche nach dem Bus, der uns zu unseren jeweiligen Startorten bringen soll. Da am gestrigen Tag der katholische Weltjugendtag, der hier in Madrid stattgefunden hatte, zu Ende gegangen war, ist das Flughafengebäude sehr voll und vorbei an unzähligen singenden, klatschenden, gut gelaunten, jungen und junggebliebenen Christen, die auf ihre Heimreise warten, fällt uns die Orientierung nicht ganz leicht.

So vergeht eine geraume Zeit bis wir endlich die richtige Bushaltestelle gefunden haben, und schon stehen wir auch gleich vor dem nächsten Problem. Wir sollen unsere Fahrkarten an einem Automaten ziehen und jeder, der dies schon einmal versucht hat, kann unsere Hilflosigkeit nachvollziehen. Während wir uns intensiv um den ausschließlich Spanisch ‚sprechenden' Fahrkartenautomaten bemühen und auf Verständnis hoffen, stoßen noch zwei weitere Pilger zu uns, eine junge Frau mit ihrem Stiefvater. Acht erwachsene und zumindest halbwegs intelligente Menschen sollten das Mysterium Fahrkartenautomat letztendlich bezwingen können, was uns tatsächlich, nach gefühlten hundert Minuten, gelingt. Wir haben den Automaten kapiert und erhalten als Erstes die Information, dass die nächsten Busse alle ausgebucht sind und wir frühestens um 23 Uhr die vierstündige Fahrt nach Astorga antreten können, was uns nicht sehr erfreut.

Davon, dass sich die Anreise als derart kompliziert gestalten würde, haben uns weder Pilgerforum noch unsere diversen Reiseführer erzählt. Uns blauäugigen Pilgerneulingen war nicht klar, dass es sinnvoll gewesen wäre, den Platz im Bus möglichst frühzeitig zu buchen. Eindeutig eine Informationslücke!

Aber als Pilger und Abenteurer sind wir wild entschlossen so schnell nicht aufzugeben. Im Flughafen der Weltstadt Madrid sollte es nicht schwer sein vernünftige Alternativen zu finden. Weit gefehlt! Unsere Ideen ein Auto zu mieten oder mit dem Zug zu unserem Ziel zu gelangen, zerschlagen sich und wir müssen weiter suchen. Die Mitarbeiter an den Informationsstellen sind zwar alle sehr freundlich und bemüht, aber, im Gegensatz zu uns, der spanischen Sprache mächtig - und nur der. Damit verabschiede ich mich von meiner Meinung, mit Englisch könne man sich fast überall verständigen und muss einsehen, einem Irrglauben aufgesessen zu sein.

Aber irgendwann schaffen wir es dann doch, in einem Reisebüro Tickets für einen Bus am späten Nachmittag zu buchen. Dieser fährt zwar vom zentralen Busbahnhof in der Stadt ab und wir müssen uns mit öffentlichen Verkehrsmitteln durch halb Madrid bemühen, nach unserer bisherigen Odyssee wird dies jedoch nur noch eine lächerliche Kleinigkeit sein.

Gegen vierzehn Uhr, etliche Stunden nach unserer Landung in Madrid, haben wir immerhin die Busstation erreicht und sind unserem Ziel den Jakobsweg zu erreichen, wieder ein wenig näher gekommen. Die Busstation ist, von den Ausmaßen her, mit dem Bahnhof einer größeren deutschen Stadt vergleichbar und im Bahnhofsgebäude ist es heiß, stickig, laut und voller sehr umtriebiger Menschen.

Inzwischen sind wir alle sehr hungrig und durstig und reihen uns direkt in einer Schlange vor einem der zahlreichen Schnellimbiss Läden ein. Daran, dass wir uns schon für die Anreise mit ausreichend Proviant eindecken müssen, hat niemand von uns gedacht.

Nachdem wir ewig mit unserem, noch ungewohnt schwerem Rucksack, durch die Flughafenhalle gepilgert sind und uns erfolgreich durch die Stadt zum Busbahnhof gekämpft haben, empfinden wir nun unser Picknick draußen in einer kleinen Parkanlage fast als Luxus. Die Mittagshitze und das enorme Verkehrsgetümmel um uns herum sind geradezu nebensächlich in Anbetracht eines kühlen Getränks, leckeren Sandwiches und einem Sitzplatz im Gras.

Als wir uns zwei Stunden später endlich auf den sehr bequemen Sitzen im Bus niederlassen können, fühlt sich das sehr gut an. Nun freue ich mich auf die Fahrt und fiebere erwartungsvoll meinem heutigen Ziel Astorga entgegen. Zwar ist die Klimaanlage ausgefallen und im Bus herrscht drückende Schwüle, doch dies kann meine Vorfreude nicht schmälern. Auch die dicken Wolken am Himmel und die riesigen Pfützen unterwegs auf den Straßen, die auf eher schlechteres Wetter in den vergangenen Tagen hin deuten, machen mir keine Sorgen.

Gegen Abend haben wir endlich unser heutiges Ziel erreicht. - Ich bin am Jakobsweg angekommen - das also ist Astorga!

Die fünfköpfige Familie fährt noch ein Stück weiter, die Jungens haben entschieden den Weg in Ponferrada zu beginnen. Nur noch zu Dritt steigen wir aus dem Bus, nehmen unsere Rucksäcke in Empfang, schauen uns kurz um und machen uns auf den Weg einen Übernachtungsplatz zu finden. Zwar wird in allen Pilgerführern darauf hingewiesen, man müsse sich frühzeitig um einen Platz in einer Herberge bemühen, doch ich vertraue auf mein Glück.

Das aktuelle Unterkunftsverzeichnis der Paderborner Jakobusfreunde leistet uns nun gute Dienste und zielstrebig laufen wir Richtung Kathedrale, in deren Nähe sich eine Pilgerherberge befinden soll. Tatsächlich finden wir diese recht problemlos und während wir laut überlegen, ob wir wohl noch einen Schlafplatz bekommen würden, spricht uns ein Pilger, der an der Eingangstür lehnt, an:

11

„Geht hinein, es gibt noch jede Menge Platz und die *hospitalera* empfängt euch sogar auf Deutsch!"

Erleichtert betreten wir das alte Steingemäuer, das drinnen noch uriger und einladender aussieht als von außen. Wir werden sehr gastfreundlich willkommen geheißen, stellen unsere scheinbar inzwischen noch schwerer gewordenen Rucksäcke ab und nehmen müde in einer gemütlichen Sitzecke Platz.

Die schwäbelnde *hospitalera* erkennt uns sofort als Pilgerneulinge und macht uns mit den wichtigsten Pilgerregeln bekannt.

„Zuerst gebt ihr immer euren Pilgerausweis, den *credential* ab, der euch als Pilger ausweist, wir stempeln ihn ab und notieren Namen und Datum. So könnt ihr unterwegs nicht verloren gehen. Dann sucht ihr euch ein freies Bett, in manchen Herbergen wird euch dieses auch zugewiesen. Breitet euern Schlafsack auf dem Bett aus, so gebt ihr den später ankommenden Pilgern zu erkennen, dass das Bett belegt ist. Bitte stellt nie den Rucksack auf das Bett, das wird aus hygienischen Gründen nicht gerne gesehen, lasst ihn auf dem Boden. Verhaltet euch möglichst leise, einige Pilger schlafen oder ruhen, das sollten sie ungestört tun können. Nun bekommt ihr von mir noch einen Gutschein für das Hotel Gaudi, dort könnt ihr als Gäste dieser Herberge ein günstiges Pilgermenü genießen.

Ich wünsche euch eine gute, erste Nacht, viel Spaß auf dem Weg und alles Gute für euch! *Buen camino!*"

So herzlich und gastfreundlich empfangen zu werden, ist ein sehr guter Einstieg in das Abenteuer Pilgerweg. Ich fühle mich bereits in der Pilgergemeinschaft aufgenommen und geborgen.

Wir steigen eine knarrende Holztreppe hinauf, finden schnell drei freie Betten, breiten, wie wir es gerade gelernt haben, unsere Schlafsäcke aus und verabreden uns zum gemeinsamen Abendessen im Hotel Gaudi.

Noch ziemlich unorganisiert krame ich meine Utensilien zusammen und suche den erstaunlich großzügigen Waschraum auf. Ich stelle mich ziemlich ungeschickt an, weiß nicht so genau wo ich Handtuch und frische Kleidung ablegen soll und als ich bereits unter der Dusche stehe, bemerke ich, dass ich das Duschgel in meinem Rucksack vergessen habe. Das extra leichte Mikrofaser Handtuch ist zu klein, als dass ich mich einfach darin einpacken könnte. Also trockne ich mich ab, ziehe schnell Hose und T-Shirt über und husche in den Schlafraum, um mein Duschgel zu suchen. Weder im der Dusche, noch in meinem Schlafraum halten sich andere Pilger auf, so hat glücklicherweise niemand meinen unbeholfenen Versuch mitbekommen. Nun die ganze Aktion noch einmal von vorne und nach einer erfolgreich absolvierten, ausgiebigen Dusche, fühle ich mich wie neugeboren und bin voller Tatendrang.

Jetzt kann ich mich ein wenig in der Herberge umsehen und die ersten Eindrücke als Pilger auf mich wirken lassen. Es fühlt sich noch ein wenig fremd, aber bereits sehr gut an.

Im gemütlichen Innenhof sitzt eine gut gelaunte Gruppe zusammen und hat offensichtlich viel Spaß miteinander. Einige Pilger entspannen drinnen, massieren sich gegenseitig die müden Beine und die beanspruchten Schultern und Rücken, andere sitzen alleine, lesen oder schreiben Tagebuch. Es herrscht eine beruhigende, entspannte, geradezu friedliche Atmosphäre.

Schließlich erscheinen meine beiden Mitpilger, ebenfalls wieder etwas frischer aussehend, und wir spazieren zum Hotel Gaudi, was nur unweit von der Herberge entfernt ist. Wir hätten uns zwar gerne noch ein wenig in Astorga umgesehen, in Anbetracht der bereits fortgeschrittenen Stunde, verzichten wir allerdings darauf. Wir müssen pünktlich in der Herberge zurück sein, um 22:30 Uhr wird das Licht gelöscht und alle sollten in ihren Betten liegen. Für mich, die bis vor zwei Tagen noch gearbeitet und sich im Alltagsrhythmus bewegt hat, ist dies ein noch gewöhnungsbedürftiger Tagesablauf.

Ehrfürchtig und etwas skeptisch betreten wir das noble Hotel Gaudi, werden jedoch sofort sehr zuvorkommend begrüßt und in einen Spei-sesaal mit riesigem Kronleuchter geführt. An den Tischen mit weißen Damast-Tischdecken, edel eingedeckt und mit Stoffservietten versehen, sitzen noch weitere Pilger. Dennoch kommen wir uns in unserem Wan-deroutfit ein wenig deplatziert vor, werden jedoch genauso höflich be-dient, wie die spanische Familie im Sonntagsstaat am Nebentisch. Schnell versöhnen wir uns mit der ungewohnten Situation, genießen unser vorzügliches Pilgermenü und den leckeren Rotwein, der uns end-gültig zur nötigen Bettschwere verhilft.

Nach dem wunderbaren Essen bummeln wir zurück in die Herberge, in der es bereits sehr ruhig ist, und trennen uns mit „buen camino", dem Pilgergruß, den wir zukünftig noch oft werden zu hören bekommen.

Bis auch ich es endlich in mein Bett geschafft habe, sind die Lichter in den Schlafräumen bereits gelöscht. Mein Bettnachbar atmet schon tief und gleichmäßig, während ich im Dunkeln nach meinem Schlafshirt taste und mich möglichst leise bemühe, mich in meinem Schlafsack zurecht zu finden.

Ich bin zwar sehr müde, habe aber Schwierigkeiten nach diesem, für mich sehr aufregenden Tag voller unglaublicher Eindrücke, zur Ruhe zu kommen. Außerdem ist es in meinem doch relativ normalen Leben nicht die Regel, in einem Stockbett und mit 14 weiteren Menschen im Raum zu nächtigen. Um mich herum knarzt, schnauft und raschelt es, doch irgendwann schlafe auch ich ein.

Astorga – Rabanal del Camino (21 km)

Ich habe das Gefühl gerade erst eingeschlafen zu sein, als es auch schon wieder umtriebig um mich herum wird. Draußen ist es noch stockfinster, doch die ersten Pilger machen sich zum Aufbruch bereit. Vielleicht sollte ich mir an diesen, sicher sehr sportlichen Pilgern, ein Beispiel nehmen, doch ich habe keine Lust im Dunkeln tastend meine Sachen zusammen suchen zu müssen und meinen Rucksack zu packen. Ich würde sicher irgendetwas liegen lassen und beim Versuch mich leise aus dem Schlafsaal zu stehlen, unter Garantie mit meinem Rucksack gegen sämtliche Betten poltern. Außerdem möchte ich gerne im Hellen laufen, schließlich will ich etwas von der Landschaft sehen. Also ziehe ich es vor, mich noch etwas tiefer in meinen Schlafsack zu kuscheln und noch ein Weilchen zu dösen.

Kurze, flüsternde Absprachen, Zischen von Reißverschlüssen, ab und zu der huschende Schein einer Taschenlampe, Schlafsäcke, die zusammengerollt werden, Rascheln von Plastiktüten, in welchen die Kleidung verpackt und im Rucksack verstaut wird. Dinge, die mir nach wenigen Tagen so vertraut sind, dass ich denke, ich werde sie zu Hause sicher vermissen.

Inzwischen ist an Schlafen auch für mich nicht mehr zu denken. Ich schäle mich, sehr unausgeschlafen, aus meinem Schlafsack, tapse in den Waschraum und widme mich meiner Morgentoilette.

Als ich in den Schlafraum zurückkomme, sind alle anderen Pilger bereits weg. So kann ich meinen Rucksack unbeobachtet und noch sehr unroutiniert packen. Glücklicherweise sieht niemand, wie ich mit meinem Schlafsack kämpfe und ihn erst nach mehreren Anläufen so zusammengerollt habe, dass ich ihn ordentlich einpacken kann. Vielleicht hätte ich doch zu Hause üben sollen.

Völlig darin versunken, meine Sachen sinnvoll im Rucksack zu verstauen, erschrecke ich als ich angesprochen werde:

„Ich lasse mir morgens auch ganz gerne Zeit. Schließlich habe ich Urlaub und befinde mich nicht auf der Flucht. Ich halte nicht so viel von diesen Extrempilgern."

Hinter mir steht der Pilger, der uns gestern Abend vor der Herberge empfangen hatte. Nun packe ich, während wir sehr nett miteinander plaudern, meine restlichen Utensilien bemüht lässig zusammen. Herbert aus Landau hat im Nachbarbett genächtigt und da es gestern Abend beim Zubettgehen bereits dunkel war, hatte ich meinen Bettnachbarn nicht erkennen können.

"Buen camino! Ich wünsche dir eine gute Zeit. Vielleicht treffen wir uns irgendwo noch einmal." Herbert verabschiedet sich und verschwindet zur Tür hinaus.

Endlich habe auch ich es geschafft und wuchte meinen Rucksack die steile Holztreppe hinunter. Unten erwartet mich eine sehr erfreuliche Überraschung, in dieser Herberge wird Frühstück angeboten. Das ist nicht unbedingt üblich und hatte bei mir im Vorfeld bereits zu einem gewissen Unbehagen geführt. Ich bin nämlich ein rechter Morgenmuffel und erst nach einem guten Kaffee und einer halben Stunde Zeitung lesen einigermaßen wach und verträglich. Der Gedanke morgens ohne Frühstück, besonders ohne Kaffee, loslaufen zu müssen hatte mich nicht sehr froh gemacht.

In einem gemütlichen Nebenraum ist ein sehr appetitliches Frühstück aufgebaut. Frischer Kaffee, Tee, Orangensaft, Müsli und dicke Scheiben Weißbrot, die man, wie ich nun lerne, durch eine Art kleinen Grill schickt, wo sie nach kurzer Zeit, wunderbar getoastet wieder zum Vorschein kommen. Außerdem gibt es in Portionspäckchen abgepackte Marmelade, Margarine, Butter und Käse. Erst später weiß ich, dass Butter und Käse zum Frühstück schon echter Luxus sind, meist gibt es zu den *tostadas*, wie das geröstete Weißbrot heißt, lediglich Margarine und Marmelade. Außerdem sind in großer Auswahl kleine, eingepackte Kuchen und Magdalenas vorhanden. Ich freue mich über meinen Kaffee, das schöne Frühstück und beobachte die Pilger, die sich morgens um sieben, zu für Pilgerverhältnisse bereits vorgerückter Stunde, noch in der Herberge aufhalten. Während ich Bewunderung empfinde für die Menschen, die vielleicht schon viele Kilometer gewandert sind, registriere ich, dass ich ja nun selbst ein Pilger bin. Ich habe zwar noch keine Wanderstrecke zurückgelegt, befinde mich jedoch ebenfalls auf dem Jakobsweg und irgendwie fühle mich jetzt besonders.

Ich schultere meinen Rucksack um mich nun endlich auch auf den Weg zu begeben. Mit einem letzten Blick zurück verlasse ich die Herberge und schaue mich nach der Pilgermuschel oder dem gelben Pfeil um, den beiden Symbolen, die den Jakobsweg kennzeichnen und mich nach Santiago leiten sollen. Pilger laufen an mir vorbei und da sie mir sehr zielstrebig erscheinen, folge ich ihnen. Tatsächlich, nach ein paar Metern entdecke ich die Muschel an einem Gartenzaun - mein erstes Pilgerzeichen! Ich komme mir fast ein wenig kindisch vor, aber für mich es ist ein sehr eindrucksvolles Gefühl. Nun befinde ich mich tatsächlich auf dem Camino!

Meine erste Pilgermuschel auf dem Camino

Der Weg führt entlang einer Straße aus der Stadt hinaus und später parallel der Landstraße. Immer wieder muss ich anhalten und meinen Rucksack richten. Er lastet mir sehr schwer auf den Schultern, ist nicht im Gleichgewicht und dauernd zerre ich an verschiedenen Gurten, in der Hoffnung, dass es sich irgendwann besser anfühlt. Dieses Ding soll ich nun viele Kilometer lang schleppen? Was habe ich mir dabei nur gedacht? Schließlich beschließe ich, das Gewicht auf meinem Rücken zu ignorieren und stattdessen bemerke ich, dass meine Wandersocken Falten gezogen haben und meine Schuhe nicht gut geschnürt sind. Also hieve ich den Rucksack herunter, schnüre meine Wanderschuhe neu und trinke bei der Gelegenheit ein paar Schlucke Wasser, welches ich in einem Laden in Astorga gekauft hatte. Mein ursprünglicher Elan ist bereits etwas gedämpft und ich denke darüber nach, ob ich doch zu naiv war und mir viel zu viel vorgenommen habe. Man läuft nicht eben mal 270 km! Zu allem Überfluss fällt es mir schwer, den Rucksack wieder aufzusetzen, mir fehlt der richtige Schwung und bereits jetzt schmerzen meine Arme. Ich bemitleide mich ein wenig und beneide die Pilger, die, anscheinend leichtfüßig, an mir vorbei ziehen.

Auf der anderen Straßenseite läuft eine junge Frau im Rock, dicken Socken und Wanderstiefeln, ihr Rucksack erscheint federleicht und sie geht sehr beschwingten Schrittes. Die junge Pilgerin wird von einem jungen Mann auf einem Fahrrad begleitet, der im Schritttempo neben ihr her fährt und von dieser aparten Erscheinung sehr angetan zu sein scheint. An den Packtaschen und der Pilgermuschel erkenne ich ihn ebenfalls als Jakobspilger. Die beiden unterhalten sich sehr angeregt, in welcher Sprache kann ich auf die Entfernung nicht erkennen, scherzen und lachen miteinander.

Als ich die junge Frau einige Tage später wieder treffe, erfahre ich, dass sie Deutsche ist, den Weg in Frankreich begonnen hat und bereits seit einigen Wochen unterwegs ist. Damit war mir auch klar, weshalb sie so mühelos unterwegs war.

Das nette Paar lenkt mich eine Zeitlang ab und so gelange ich in einen kleinen Ort. Hier fällt mir zum ersten Mal auf, dass sich auf fast jedem Schornstein, Telegraphenmast, Kirchturm und allem was sich sonst so anbietet, mindestens ein Storchennest befindet.

Ich biege vom Camino ab und laufe in den Ort hinein, auf eine hübsche Kirche zu. Die Kirche hat den, für diese Region typischen, merkwürdig flachen Kirchturm mit außenliegender Glocke und ist selbstverständlich ebenfalls mit einem Storchennest dekoriert. Ein älterer Mann ist eifrig damit beschäftigt die Stufen vor der Kirche zu kehren. Als er mich sieht, winkt er mich sehr freundlich zu sich und deutet mir, dass ich in die Kirche hinein gehen soll. Ich betrete den dunklen Raum, gehe zum Altar, halte andächtig einen Moment inne und schaue mich in der einfachen, aber sehr schönen Kirche um. Nach kurzer Zeit wende ich mich wieder zum Ausgang, der Mann bietet mir noch einen Stempel für meinen Pilgerpass an und verabschiedet mich sehr freundlich und fast ehrfürchtig mit einem „*buen camino!*". - Ich bin ein Pilger!

Typische Dorfkirche in der Gegend um Astorga

Merkwürdig, mein Rucksack ist gar nicht mehr so schwer und unhandlich, meine Schuhe drücken nicht mehr, mein Schritt ist sehr viel leichter und fast beschwingt laufe ich weiter. Vor mir sehe ich die Bergkette der Montes de Leon, die ich morgen erreiche werde und freue mich auf den Weg. Ich genieße die Landschaft und marschiere ein gutes Stück vor mich hin. Nach einer ganzen Weile entdecke ich eine Ansammlung von Holzbänken und Tischen, eine Art Rastplatz für Pilger. Ich nehme die Einladung an, setze mich auf eine Bank, packe meinen Proviant aus und bemerke jetzt erst wie hungrig ich bin. Brot und Käse schmecken großartig! Ich ziehe meine Wanderschuhe aus um meine Füße zu lüften, strecke mein Gesicht in die Sonne und fühle mich großartig. Andere Pilger ziehen an mir vorbei, grüßen und mir fällt auf, wie gut gelaunt, freundlich und zufrieden sie alle wirken. Nach einer ausgedehnten Pause laufe ich weiter, bewundere immer wieder die Natur, die schöne Landschaft und erreiche am Nachmittag mein heutiges Etappenziel Rabanal del Camino.

Aus meinem Unterkunftsverzeichnis habe ich mir die Pilgerherberge Gaucelmo ausgesucht, die sich fast am Ortsende von Rabanal befindet. Ich bin müde, die Füße tun mir weh und die Straße, die durch den Ort zur Herberge hinauf führt, zieht sich ewig. Inzwischen fällt mir jeder Schritt schwer. Endlich sehe ich das Hinweisschild zur gesuchten Alberge und trete müde und erschöpft durch ein schweres Holztor in den Innenhof des großen, wunderschönen Anwesens aus Naturstein, wo ich sehr freundlich von einem *hospitalero* empfangen werde. Sieht man mir an der Nasenspitze an, dass ich Deutsche bin? Ohne zu zögern spricht er mich nämlich auf Deutsch, mit charmantem englischem Akzent, an. Er ist ein, zumindest in meinen Augen, typischer Engländer. Groß, fast hager, kurze blonde Haare, graue Schläfen, etwa Ende 50. Sehr höflich, doch mit schalkhaftem Zwinkern in den Augen, nimmt er meinen Pilgerausweis entgegen, stempelt ihn ab und registriert meine Daten. Als er feststellt, dass ich meine Pilgerwanderung erst heute begonnen habe, erkundigt er sich ausgiebig nach meinem Befinden. Wie es mir ergangen sei, ob es mir gut gehe, ob ich Blasen habe, ob ich den Weg genossen habe. Wieder fühle ich mich umsorgt und gut aufgehoben.

Sehr genau erklärt er mir die Gepflogenheit in dieser, von der englischen Bruderschaft St. James geführten, Herberge. Und besonders ausdrücklich weist er mich darauf hin, dass um 17 Uhr *Teatime* sei, zu der alle Pilger herzlich eingeladen sind.

Ich erhalte Einmalbezüge für Matratze und Kopfkissen und reserviere in einem der hellen und freundlichen Schlafräume mein Bett. Heute bin ich schon nicht mehr ganz so unsortiert, habe rasch meine Siebensachen ausgepackt und suche die Dusche auf. Es gibt nur zwei Duschkabinen und beide sind bereits besetzt. Also warte ich einen Moment und beginne ein Gespräch mit einer Engländerin, die damit beschäftigt ist einige Kleidungsstücke am Waschbecken zu waschen. Die englische Lady, etwas älter als ich, bemerkt, dass sie mich schon gestern in Astorga gesehen hat. Stimmt, ich erinnere mich, sie und ihre Freundin haben ebenfalls im Hotel Gaudi ihr Pilgermahl eingenommen.

Schließlich ist eine Dusche frei und ich lasse genussvoll das Wasser auf mich prasseln. Danach ist auch für mich Wäsche waschen angesagt. Da sich das Pilgeroutfit auf wenige Kleidungsstücke reduziert, gehört das Waschen der Schmutzwäsche zum üblichen Tagesritual.

Bis zur *Teatime* ist noch ausreichend Zeit, also nehme ich mein Notizbuch und ziehe mich in den riesigen, sehr liebevoll angelegten Garten hinter dem Haus zurück. Man könnte meinen in England zu sein. Das alte Natursteingemäuer, der weitläufige Rasen, große Lavendelbüsche zwischen blühenden Rosensträuchern. Auch das Klima erinnert mich eher an England denn an Spanien. Es ist zwar sonnig, aber ein kühler Wind lässt mich etwas frösteln und am leuchtend blauen Himmel sind viele Schleierwolken zu sehen.

Ich setze mich auf die Bank an einem Holztisch, genieße die Stille und beginne damit meine heutigen Erlebnisse ins Tagebuch zu schreiben, als eine Frau in den Garten tritt, eine ausladende Handbewegung in meine Richtung macht und mich erwartungsvoll anschaut. Was will sie von mir? Wieder ein Pilgerbrauch von dem ich nichts weiß? Nein, sie möchte wohl nur Kontakt knüpfen, vielleicht hat sie Redebedarf. Erneut wedelt sie wild mit den Armen, atmet tief ein, reckt die Nase in die Luft und deutet mir, wie wundervoll dieser Platz sei. Ich nicke kurz und wende mich wieder meinem Tagebuch zu. Im Moment ist mir nicht nach Reden und nach Gesellschaft, ich möchte den Tag noch einmal Revue passieren lassen und brauche ein wenig Ruhe. Glücklicherweise bemerkt sie es, dreht ab und geht wieder aus dem Garten hinaus, vermutlich auf der Suche nach neuen Opfern.

Herberge Gaucelmo in Rabanal

Bald habe ich keine Lust mehr zum Schreiben, packe meine Sachen und begebe mich auf einen kleinen Erkundungsspaziergang durch Rabanal. Ich wundere mich über mich selbst, dass ich, trotz des 20 km Marsches heute, noch die Energie dazu habe. Ich möchte Proviant für morgen einkaufen, muss aber feststellen, dass der kleine Lebensmittelladen noch geschlossen hat und verschiebe den Einkauf auf später.

Zurück in der Herberge komme ich gerade rechtzeitig zum Tee. Die ersten Pilger sind bereits um den großen Tisch im Innenhof versammelt und der englische Gentleman-*hospitalero* stellt eine große Kanne Tee auf den Tisch. Dazu machen leckere Butterkekse die Runde und jeder greift gerne zu.

Auch die übrigen *hospitaleros* der Herberge, eine junge Ungarin, ein Österreicher und eine ältere, sehr rüstige deutsche Rentnerin, gesellen sich zu uns und sind sehr um das Wohl der Pilger bemüht.

Da erscheint die Frau, die sich am Nachmittag kurz im Garten gezeigt hatte, auf der Bildfläche. Sie setzt sich neben mich auf die Bank und beginnt, obwohl ich mich gerade sehr angeregt mit der ungarischen *hospitalera* unterhalte, unverzüglich ein Gespräch mit mir. Sie sei Deutsche, komme aus Schwaben, hieße Moni, wäre in Saint-Jean-Pie-de-Port gestartet, absolviere große Strecken, laufe sehr schnell, wolle unbedingt Santiago erreichen, habe aber nur noch eine Woche Zeit. So, wie sie offensichtlich läuft, so redet sie auch. Die Worte prasseln ohne Punkt und Komma auf mich ein und in kürzester Zeit kenne ich den kompletten Inhalt ihres Rucksackes, das Gewicht von jedem einzelnen Teil, ihre gesamte Lebensgeschichte, weiß alles über ihre Familie und ihre bisherigen Erlebnisse auf dem Weg.

Ich bemühe mich ihren Erzählungen zu folgen, habe aber keinerlei Möglichkeit ihr mein Interesse zu signalisieren. Nicht einmal für - aha, ach was oder so so - lässt sie mir eine Pause.

Moni bietet an, ihr Baguette mit mir zu teilen, dann habe sie einige Gramm weniger zu tragen. Ich nehme das Angebot an, so muss ich für morgen nur Wasser und ein wenig Käse einkaufen.

Auf wundersame Art gelingt es einem spanischen Pilger neben ihr das Wort zu ergreifen und eine Frage zu stellen. Glück für mich, denn nun wendet Moni sich dem Spanier zu und textet ihn in pistolenartiger Geschwindigkeit auf Spanisch zu. Zwischendurch flickt sie geschickt noch

23

ein paar englische Sätze ein, um auch die Engländer an ihrem Monolog teilhaben zu lassen.

Ich bin fasziniert. Noch nie habe ich jemanden so schnell, so viel, und dies in verschiedenen Sprachen gleichzeitig, reden gehört. Ach ja, französisch spricht sie selbstverständlich auch.

Als alle bereits etwas erschöpft wirken, kommt glücklicherweise ein Pater in den Hof und unterbricht Monis Redefluss. Er wird am Abend in der kleinen Kirche gegenüber, eine Vesper mit gregorianischen Gesängen zelebrieren und möchte die Pilger dazu einladen. Außerdem sucht er Freiwillige, die in ihrer jeweiligen Landessprache einen kleinen Text vortragen. Großzügig bietet Moni ihre Dienste an, der Pater dürfe sich gerne aussuchen in welcher Sprache sie lesen soll. Er schaut sie ein wenig irritiert an und antwortet ihr in, fast akzentfreiem Deutsch, dass er sich freue, wenn sie den deutschen Text übernähme.

Nachdem auch der Pater eine Tasse Tee getrunken, einige Kekse gegessen und uns seinen neuesten Witz erzählt hat, bittet er seine Schäfchen in die Kirche hinüber und die meisten der Pilger begleiten ihn.

Hinter den dicken Steinmauern ist es recht dunkel und kühl, die Atmosphäre jedoch fast feierlich. In den schweren Kirchenbänken sitzen bereits einige andere Pilger und ein paar ältere, vermutlich ortsansässige Frauen mit Kopftüchern, die leise betend vor sich hinmurmeln.

Eine helle Glocke ruft bimmelnd zum Vespergottesdienst, kurz darauf erscheinen sehr ehrfürchtig wirkende Mönche und nehmen rechts und links des Altares Platz.

Der Pater beginnt mit klarer, kraftvoller Stimme die lateinischen Gesänge, die von den Mönchen beantwortet werden. Die Kirche ist erfüllt von den gleichmäßigen Tönen der Wechselgesänge und eine tiefe Ruhe und Dankbarkeit breitet sich in mir aus. Andächtig und völlig versunken lausche ich den Texten, die von den Pilgern in ihrer jeweiligen Landessprache vorgetragen werden. Zum Abschluss segnet der Pater die Besucher des Gottesdienstes, richtet abschließend sein Wort an uns

Pilger und wünscht uns einen guten und gesegneten Weg.

Sogar Moni scheint ergriffen, verlässt wortlos die Kirche und gönnt mir einen Moment des Abtauchens. Ich lausche dem Erlebten noch ein wenig nach, erinnere mich jedoch, ausgelöst durch meinen hörbar knurrenden Magen, schnell wieder an mein weltliches Dasein.

Erst draußen registriere ich, dass ich ziemlich durchgefroren bin. Die dünne Trekking-Hose, das kurzärmelige Funktions-T-Shirt und die nackten Füße in Wander-Sandalen sind nicht ganz das passende Outfit für den abendlichen Kirchgang in einer ungeheizten Kirche.

Ich bummle die Straße hinunter zu dem kleinen Lebensmittelladen, um Proviant für morgen zu kaufen. Wasser, ein Stück Käse und getrocknete Aprikosen, Brot entfällt, das bekomme ich von Moni, Äpfel und Kekse versage ich mir, morgen muss alles den Berg hinaufgeschleppt werden.

Nachdem ich meinen Einkauf erledigt habe, nehme ich Platz in einem einladend aussehenden Restaurant, bestelle das Pilgermenü und hole mein Notizbuch heraus. Endlich habe ich Gelegenheit meine Erlebnisse und die vielen Eindrücke der beiden letzten Tage aufzuschreiben.

Nach einem guten Essen und fast einem halben Liter Rotwein spaziere ich beschwingt in die Herberge zurück. Im gemütlichen Aufenthaltsraum sitzen noch einige Pilger beisammen und ich setze mich zu den beiden englischen Ladies auf eine alte, urige Holzbank. Die Pilgerinnen planen für ihre morgige Route einen Abstecher, der in ihrem Reiseführer als landschaftlich besonders attraktiv beschrieben ist. Auf dem Tisch sind mehrere Reiseführer in diversen Sprachen ausgebreitet, der englische *hospitalero* steuert noch eine Landkarte bei und in eifrigem Bemühen stecken wir die Köpfe zusammen, um den Ladies auf den rechten Weg zu helfen.

Die Engländerinnen sind Freundinnen, nicht zum ersten Mal auf dem Camino, und da sie sich für den Weg viel Zeit lassen, werden sie auch in diesem Jahr Santiago noch nicht erreichen. Jill ist Autorin und Fotografin für Fachzeitschriften und eine in Fachkreisen angesehene Künstlerin. Sie fotografiert hauptsächlich Gärten, Landschaften und Golfplätze und plant nun einen Bildband über den Jakobsweg. Dies erklärt die umfangreiche Fotoausrüstung mit der sie sich, zusätzlich zu ihrem Pilgergepäck, belastet. Vielleicht werde ich eines Tages ihren Bildband über den Jakobsweg in den Händen halten und mich an die sehr nette Begegnung mit den beiden sympathischen englischen Ladies erinnern.

An dieser Stelle wird mir eine großartige Besonderheit des Camino bewusst. Es spielt keine Rolle ob jemand Fotograf, Buchautor, Manager oder Fließbandarbeiter, Künstler, Jurist oder Handwerker ist. Hier sind alle als Pilger unterwegs, alle verfolgen ein ähnliches Ziel und haben ähnliche Bedürfnisse. Auf dem Weg steht lediglich der Mensch als solcher im Vordergrund. - Wenn man dies doch wenigstens ein stückweit in den Alltag transportieren könnte.

Durch das Erscheinen von Moni werde ich aus meinen philosophischen Gedankenflügen sehr schnell ins Hier und Jetzt zurückgeholt. Sofort stürzt sie sich auf mich und erklärt mir bis ins kleinste Detail wie, womit und warum sie ihr Abendessen in der gut ausgestatteten Küche der Pilgerherberge zubereitet hat. Ich schaffe es nicht, ihr freundlich aber bestimmt zu erklären, dass es mich nicht so wahnsinnig interessiert, dass sie ihre Tomatensoße mit dem frischen, unglaublich intensiv duftenden Rosmarin aus dem Garten hinter dem Haus gewürzt hat. Viel spannender finde ich die Beschreibung von Jill, die mir ihr Cottage in Brighton als Urlaubsziel anbietet.

Ich bin ungerecht. Moni bekommt vermutlich in ihrem Alltag wenig Gehör und Anerkennung und findet mich sicher total sympathisch. Unsympathisch ist sie mir ja auch nicht, sie ist nur wahnsinnig anstrengend und hat wenig Feingefühl.

Misstrauisch lausche ich ihrer ausladenden Ausführung, dass sie nun doch mehr von ihrem Baguette gegessen hat als gedacht, mir selbstverständlich trotzdem ein Stückchen davon abgeben würde und wir uns für morgen dann mit etwas weniger zufrieden geben müssten. Jetzt werde ich doch sauer und verzichte großmütig. Erst bietet sie, nicht ganz uneigennützig, an, ihr Brot mit mir zu teilen und dann macht sie wieder einen Rückzieher. In Gedanken schimpfe ich vor mich hin und betitele sie mit wenig schmeichelhaften Worten. Moni bemerkt anscheinend, dass ich sauer bin und mit spürbar schlechtem Gewissen murmelt sie etwas von früh schlafen gehen und zieht sich zurück.

Allmählich löst sich auch die restliche Pilgergruppe auf, es ist Zeit, bald werden die Lichter gelöscht. Im Schlafraum sind die meisten der Betten bereits belegt, einige Pilger schlafen schon, manche lesen und wieder andere unterhalten sich leise. Im Stockbett neben mir sind zwei junge Mädels in ihren deutschen Reiseführer vertieft und planen die nächsten Etappen. Ich spreche sie auf Deutsch an, da sie aber sehr schüchtern und zurückhaltend scheinen, wünsche ich nur eine gute Nacht und mache es mir in meinem Schlafsack bequem. Nach kurzer Zeit geht das Licht aus, ich vernehme noch hier und da leises Murmeln, die gleichmäßigen Atemzüge der Schlafenden und fühle mich geborgen.

Rabanal del Camino – Riego de Ambrós (20 km)

Viel zu früh werde ich aus meinen Träumen geweckt. Die mir inzwischen vertraut gewordenen Geräusche der aufbrechenden Pilger lassen mich nicht mehr schlafen. Besonders in Monis Ecke herrscht emsiges Treiben. Sehr eifrig ist sie am Packen und Räumen und eilt mehrmals, bemüht leise, zwischen ihrem Bett und dem Waschraum hin und her. Moni erinnert mich an eine geschäftige Hausfrau, die noch schnell dem Ehemann das Frühstück vorbereitet, gleichzeitig den Kindern die Schulbrote richtet, nebenbei die Betten frisch bezieht und eine Ladung Wäsche in die Waschmaschine packt, bevor sie das Haus verlässt und zu ihrem Halbtagsjob eilt, den sie selbstverständlich perfekt ausübt. Ich frage mich, wie diese Pilgerin zu Beginn ihrer Wanderung war, wenn sie nach drei Wochen Camino noch immer eine solche Unruhe verbreitet.

Als es im Schlafsaal etwas ruhiger geworden ist, schäle ich mich ebenfalls aus meinem Schlafsack. Katzenwäsche, Zähne putzen, anziehen, nicht ohne vorher sorgfältig die Füße mit Hirschtalg eingecremt zu haben. Einen Tipp, den man in vielen Pilgerforen liest. Ich will einmal glauben, dass dieses Wundermittel den Wanderer vor Blasen bewahrt, schaden kann es jedenfalls nicht.

Anschließend mit Bedacht den Rucksack packen und mit dem Schlafsack kämpfen. Es gelingt mir wieder erst nach mehrmaligen Anläufen, den widerspenstigen Schlafsack so zusammenzurollen, dass ich ihn ordentlich verstauen kann. Dabei achte ich möglichst darauf, dass niemand in der Nähe ist und tue sehr lässig und professionell, wenn ich das Gefühl habe, ein anderer Pilger beobachtet mich. Diese Blöße will ich mir dann doch nicht geben.

Welches die sinnvollste Art ist, mein Gepäck in den Rucksack zu packen, habe ich inzwischen herausgefunden. Ich schaffe es das Gewicht so zu verteilen, dass sich der Rucksack angenehm tragen lässt und ich dennoch schnell an die Dinge gelange, die ich tagsüber benötigte.

Wieder verlasse ich als Letzte den Schlafraum und freue mich in der Küche ein Frühstück vorzufinden. Es ist zwar bei Weitem nicht mit dem Frühstück in Astorga zu vergleichen, aber es reicht aus gestärkt in den Tag aufbrechen zu können. Der Tisch ist gedeckt mit Tassen, Messern und Servietten, einer Schachtel Margarine und einigen Gläsern Marmelade. Es gibt dicke Scheiben Weißbrot, der unverzichtbare Toaster ist ständig in Betrieb, große Thermoskannen mit Kaffee und ein Topf mit warmer Milch stehen bereit.

Obwohl an dem runden Tisch in der Küche etliche Pilger sitzen, geht es sehr ruhig zu. Einige unterhalten sich leise murmelnd, die meisten jedoch sind in Gedanken versunken und kauen schweigsam vor sich hin. Von den *hospitaleros* ist keiner zu sehen, die sind bereits damit beschäftigt die Schlafräume zu richten, um die nächsten Pilger willkommen heißen zu können.

Da gestern die Möglichkeit Brot zu bekommen leider fehlgeschlagen ist und ich vorerst werde nichts einkaufen können, packe ich mir zwei kleine Scheiben Weißbrot ein. Damit wäre auch dieses Problem gelöst.

Voller Vorfreude auf den Tag verlasse ich die Herberge und trete hinaus in die noch recht kühle Luft. Wieder genieße ich es ganz besonders in den Morgen hinein laufen zu können. Außer einigen wenigen Pilgern ist niemand unterwegs. Die meisten Türen und Fensterläden sind noch geschlossen, Katzen sitzen blinzelnd am Wegesrand, die Sonne lugt über den Horizont, schickt die ersten wärmenden Strahlen und beleuchtet die Bergspitzen, die vor mir liegen. Alles scheint absolut friedlich.

Mit festen Schritten laufe ich die Dorfstraße hinauf, verlasse Rabanal bereits nach wenigen hundert Metern und marschiere auf einem steinigen Feldweg bergan. Ich halte kurz ein und genieße den Blick in die weite Landschaft. Vor mir liegt die Bergkette der Montes de Leon, eine Landschaft, auf die ich mich sehr freue. Hinter mir geht in einem strahlenden Orange und Gelb die Sonne auf und taucht alles in ein warmes, unglaubliches Licht. Ich werfe einen langen Schatten auf den Weg vor mir und empfinde eine tiefe Dankbarkeit für die Schönheit dieses Augenblicks.

Ich werfe lange Schatten auf den Weg vor mir

Während ich mit einem guten Gefühl im Bauch weiter laufe, wird mir bewusst, dass ich heute das Cruz de Ferro, das Eisenkreuz erreichen werde.

In meinem Leben gab und gibt es ein paar Orte, von denen ich mir wünsche sie sehen zu können. Dazu gehört das Cruz de Ferro, obwohl dies eigentlich kein sehr spektakulärer Platz ist und ich mir die Anziehungskraft selbst nicht erklären kann. Vielleicht werde ich heute eine Antwort darauf finden.

Der Weg steigt stetig an und ich bleibe immer wieder stehen um die Natur zu bestaunen. So hatte ich mir Nordspanien absolut nicht vorgestellt. Ich laufe durch eine wunderschöne Heidelandschaft, in den schönsten Rot- und Lilatönen blühend, dazwischen Farbtupfer von gelben und blaue Blüten und kräftig grünen Farnen. Nach einiger Zeit erreiche ich einen kleinen Ort mit teilweise zerfallenen alten Steinhäusern. Die Gegend scheint völlig ausgestorben. Erst viel später wird mir klar, dass dies Foncebadón war, ein Dorf, welches in alten Zeiten eine wichtige Station auf dem Jakobsweg darstellte. Wie in meinem Reiseführer geschrieben steht, gründete hier der Eremit Gaucelmo im 12. Jh. eine Herberge, worauf einige Mönche seinem Beispiel folgten und ein Kloster erbauten. Bis zum 19. Jh. stand der Ort unter königlichem Schutz, mit der Auflage, dass die Bewohner sich um die Pilger und den Jakobsweg zu kümmern hatten. Irgendwann jedoch starb Foncebadón aus, zerfiel zu Ruinen und lebt erst in den letzten Jahren wieder auf. Inzwischen gibt es in dem kleinen Ort sogar zwei Pilgerherbergen.

Der Weg führt immer weiter hinauf und je höher ich komme, desto nebliger wird es. Der Pfad verläuft parallel zu einer Landstraße und außer einer jungen Frau, die schweigsam, stramm an mir vorbeizieht, ist niemand zu sehen. Die Pilgerin hat sehr lange schwarze Zöpfe, eine sehr kurze Hose und sehr lange Beine und ich schaue ihr beeindruckt eine Weile hinterher.

Etwas enttäuscht über den nun eher eintönigen Weg und die klamme Novemberstimmung trotte ich vor mich hin und hänge meinen Gedanken nach. Plötzlich taucht, wie aus dem Nichts, in einiger Entfernung ein Steinhügel mit einem Pfahl und einem Kreuz darauf vor mir auf – das Cruz de Ferro.

Die Situation könnte mystischer und unwirklicher nicht sein. Die Gegend ist, durch dicke Nebelschwaden hindurch, nur schemenhaft zu erkennen, alles wirkt etwas gedämpft und die wenigen Geräusche sind wie durch einen Vorhang wahrzunehmen. Einige wenige Radpilger und die junge Frau mit den schwarzen Zöpfen huschen wie Schatten über den Platz. Ich beobachte, wie die Pilgerin mit ihren langen Beinen zielstrebig den Steinhügel hinauf steigt, etwas um den Pfahl bindet, kurz verharrt, auf der anderen Seite wieder hinunter steigt und sehr schnell im Nebel verschwindet.

Langsam und voller Emotionen nähere nun ich mich dem Hügel und steige andächtig zu dem Kreuz hinauf. Die junge Frau hat eine Trauerschleife mit dem Aufdruck ‚nur die Liebe bleibt' um den Holzpfahl gebunden und ich frage mich betroffen, welch trauriges Erlebnis hier wohl dahinterstecken mag. Am liebsten würde ich hinter der Pilgerin herlaufen und sie fest in den Arm nehmen.

Cruz de Ferro

Aber auch ich habe hier etwas abzulegen. Von zu Hause habe ich einen kleinen Halbedelstein mitgebracht, den ich mit einer sehr persönlichen Geschichte verbinde und für immer hier zurück lassen möchte. Einen weiteren Stein hat mir mein Pilgerfreund aus dem Odenwald, durch den ich letztendlich hierher gekommen bin und der mir inzwischen zu einem sehr wichtigen Weggefährten geworden ist, anvertraut. Ich lege die Steine auf eine Jakobsmuschel direkt unterhalb des Holzpfahles und packe einige Erinnerungen, Gedanken und Wünsche mit dazu.

Es ist ein sehr gutes Gefühl die beiden nebeneinander liegenden Steine hier zurückzulassen.

Langsam und nachdenklich steige ich den Hügel hinab und mag mich noch gar nicht von diesem Ort trennen. Ich setze mich auf eine Bank und beobachte die Pilger, die nun immer zahlreicher hier oben ankommen und bin in meinen Gedanken versunken. Als öffnete sich ein Vorhang, lichtet sich allmählich der Nebel, die Sonne kommt hervor und mit dem heller werdenden Licht tauche ich wieder ins Hier und Jetzt ein.

Da erscheinen die englischen Ladies auf der Bildfläche. Sie schlendern um den Steinhügel und das Cruz de Ferro und sind intensiv ins Gespräch vertieft. Die Freundinnen geben ein interessantes Paar ab. Beide etwa Mitte fünfzig, beide wirken sportlich, drahtig. Die eine auffallend groß, mit kurzen grauen Haaren, ein warmherziger und offener Typ, immer in einer schmucken, bunten Bluse gekleidet. Die andere deutlich kleiner, sehr schlank, fast hager, eher schüchtern, zurückhaltend und beobachtend, immer ein Tuch um den Kopf gebunden. Ich vermute, dass sie sehr wenige und dünne Haare oder sogar eine Glatze hat.

Die Zwei wirken sehr vertraut miteinander und vermitteln den entspannten Eindruck langjährige Freundinnen, die sich sehr gut kennen. Die Ladies spazieren völlig gelassen durch die Landschaft, ganz im Gegenteil zu vielen wahnsinnig sportlich, zielstrebig und geplant durch den Tag eilenden Pilgern und nehmen den Weg mit Genuss. Diese Einstellung den Camino zu gehen kommt der meinen sehr entgegen.

Schließlich entdecken mich die Beiden auf meiner Bank und kommen mir strahlend entgegen. Nachdem sie höflich gefragt haben, ob mir ihre Gegenwart angenehm sei, nehmen sie neben mir Platz und gemeinsam beobachten wir das Treiben um das Cruz de Ferro. Inzwischen ist es hier oben richtig voll geworden.

Die Engländerinnen sind der Meinung, es sei Zeit für ein zweites Frühstück und zaubern ein kleines Tischtuch, verschiedene Käsesorten,

Weißbrot, Obst und, in eine leichte Wasserflasche umgefüllten, Rotwein aus ihren Rucksäcken. Die Damen verstehen es wirklich zu genießen. Sie laden mich ein an ihrem Mal teilzunehmen und unbedingt den leckeren Käse zu probieren, den sie in einem *lovely little Shop* gekauft haben. Ich nehme die Einladung gerne an und lehne nur den Rotwein dankend ab. Der würde mir die Beine zu schwer machen und ich möchte noch einige Kilometer vorwärts kommen. So verabschiede ich mich bald von den Ladies, mit dem Wissen, dass wir uns sicher irgendwo wieder treffen würden.

Ein schmaler Pfad führt bergauf und bergab, meist entlang einer kaum befahrenen Straße und nach kurzer Zeit erreiche ich, die oft und überall erwähnte, Pilgerherberge Manjarin des legendären Tomás.

Ich glaube, es gibt keinen Jakobspilger, der die Geschichte von Manjarin, dem Aussteiger Tomás und seinen Gefährten nicht kennt. Tomás war Anfang der Neunziger unterwegs nach Santiago, entschied sich dann aber in Manjarin zu bleiben, die uralte ehemalige Herberge wieder zu beleben und in der Tradition der Tempelritter für die vorbei kommenden Pilger zu sorgen.

Wenn man keine großen Ansprüche hat und sich durch die mangelnde Hygiene und die mehr als einfachen Verhältnisse nicht abschrecken lässt, mag eine Übernachtung bei Tomás durchaus interessant sein. Später auf dem Weg treffe ich eine Österreicherin, die sich tatsächlich auf das Abenteuer eingelassen hatte und sonderlich anmutende Dinge zu erzählen wusste. Auf mich wirkt die Herberge nicht sehr einladend, zudem kaum Pilger unterwegs sind, auch sonst keine Menschenseele zu entdecken ist und der Ort ziemlich verlassen scheint. Ich betrachte nur kurz die halb zerfallene Hütte und den bunten Schilderwald mit diversen Wegweisern, die mich und andere darüber informieren, dass es beispielsweise in die Südpfalz 1785 km und nach Santiago 222 km sind, entscheide mich gegen einen neugierigen Blick in das Innere der Herberge und laufe weiter.

Die Herberge Manjarin des legendären Tomás

Atemberaubender Blick in die Berge der Sierra Teleno

Eine gute Entscheidung, denn die Landschaft ist atemberaubend und der Blick in die Berge der Sierra Teleno traumhaft. Ein Platz mit Bank, Kühen, Viehtränke und Ausblick in die Weite lädt zur Mittagsrast ein. Für den Moment ist dies sicher der schönste Platz der Erde und nichts wollte ich eintauschen gegen mein Stück Käse aus der Hand, der Scheibe Weißbrot und einigen getrockneten Aprikosen. Ich ziehe die Wanderschuhe aus, lüfte meine Füße, wackle mit den Zehen und strecke mein Gesicht in die Sonne. Kann es irgendetwas Besseres geben?

Nach einer Ruhepause drängt es mich weiter, ich bin gespannt auf weitere Impressionen und Naturschönheiten.

Ab jetzt beginnt der Abstieg vom Monte Irago und dem 1530 m hoch gelegenen Cruz de Ferro. Der Geröllweg ist teilweise sehr steil und ich bin froh um meine Wanderstöcke, die mir den Abstieg erleichtern. Ich überhole einige Pilger, die ernsthafte Schwierigkeiten haben, den rutschigen Weg hinab zu stolpern. Obwohl Radfahrer ausdrücklich gebeten werden, die Straße zu benutzen, gibt es etliche Unbelehrbare und es ist nervig immer wieder ausweichen zu müssen, um die Supersportler passieren zu lassen.

Ich laufe verträumt vor mich hin und je weiter ich in Richtung Tal gelange, desto wehmütiger wird mir. Obwohl ich neugierig bin auf das was noch kommt, möchte ich diese Gegend gar nicht verlassen. Die wunderschöne Natur, die traumhaften Ausblicke über sanfte Hügel in die Weite, wo einem die Welt scheinbar zu Füßen liegt.

Nach einiger Zeit erreiche ich El Acebo, einen malerischen Ort mit schmucken Schieferhäusern und bunten Gärten. Sehr hübsch anzusehen sind die Holzbalkone an jedem Haus, die meist über eine Außentreppe mit kunstvoll geschnitzten Geländern verfügen und mit liebevoll bepflanzten Blumenkästen dekoriert sind.

Die frische Kühle der Berge fehlt, hier ist es deutlich heißer, ich bin durstig und habe das Bedürfnis nach einer Pause. Da es vielen anderen Pilgern ebenso geht und El Acebo die erste Ortschaft nach etlichen

Kilometern ist, sind die Bars und Restaurants entlang der Dorfstraße dicht bevölkert und es herrscht reges Treiben. Der einzige Dorfladen hat in der Mittagszeit geschlossen, zum Einkehren habe ich keine Lust und obwohl mein Proviant aufgebraucht ist und es vorerst keine Möglichkeit geben wird etwas einkaufen zu können, gehe ich weiter. Nach so viel eindrucksvoller Natur ist mir nicht nach Menschenansammlungen.

Ich lasse El Acebo bald hinter mir, laufe die Landstraße hinunter und passiere das Denkmal, welches an einen an dieser Stelle tödlich verunglückten deutschen Radpilger erinnert. Ein trauriges Schicksal für diesen und so manch anderen Jakobspilger, immer wieder trifft man auf Hinweise, dass ein Pilger, zumindest den irdischen, Jakobsweg beendet hat.

Es ist heiß, ich bin müde, die Beine und Füße schmerzen und zum ersten Mal verpasse ich den richtigen Weg. Ich quäle mich die Asphaltstraße wieder hinauf bis zum Pilgerdenkmal und suche nochmals nach einem eindeutigen Hinweis. Erst nach einer ganzen Weile finde ich den Pfad, der nach Riego führt, wo ich heute übernachten möchte.

Obwohl es nicht mehr weit ist, zieht sich der Weg schier endlos und arg erschöpft erreiche ich die Pilgerherberge in Riego de Ambrós. Ein ziemlich verlassenes Nest und die Herberge wirkt nicht sehr einladend, dennoch öffne ich das schwere, knarrende Holztor und betrete das alte Steingemäuer. Von irgendwoher kommt ein *hospitalero* und da dieser nur spanisch spricht, kommunizieren wir hauptsächlich über Zeichensprache und erledigen die Aufnahmeformalitäten.

Das Innere der Herberge besteht aus einem sehr großen und sehr hohen Raum, in dem zum Teil eine Zwischendecke eingezogen ist, auf der sich der Schlafbereich befindet. Ich steige die Holztreppe hinauf, stelle meine Wanderschuhe zu den beiden anderen Paaren, die dort zum Auslüften stehen und schaue mich überrascht um. Auf beiden Seiten des Flurs befinden sich Kabinen, die durch oben offene Holzwände abgetrennt sind. In jeder Kabine befinden sich vier Stockbetten mit dünnen, schmuddeligen Schaumstoffmatratzen, wobei die untere Matratze einfach auf dem Boden liegt. Der Blick geht hoch in den offenen Giebel, Fenster gibt es keine und obwohl es erst nachmittags ist, ist es hier drinnen dunkel.

Vermutlich bin ich durch die beiden letzten Herbergen verwöhnt und auf Grund dessen nun ziemlich entsetzt. Dass dieses Refugium in den Reiseführern als - gute Gemeindeherberge in schön renoviertem Steinhaus - beschrieben wird, erschreckt mich ein wenig. Bin ich etwa zu anspruchsvoll? Wenn diese Unterkunft als gute Herberge ausgewiesen wird, was mag da noch auf mich zukommen? Ich versuche mir einzureden, dass ich das was kommt annehmen sollte und sicherlich alles gut wird.

Außer mir sind noch drei andere Pilger anwesend, die sich in den Nachbarkabinen häuslich niedergelassen haben und selig schlummern. Also versuche ich mich nicht wie ein verwöhntes Luxusweibchen zu benehmen, breite forsch meinen Schlafsack auf der muffigen Matratze aus und versuche den Gedanken an kleine, unwillkommene Lebewesen in den Betten zu verdrängen.

Mit ziemlichem Unwohlsein mache mich auf die Suche nach der Dusche. Sehr schnell habe ich diese gefunden, sie befindet sich nämlich ebenfalls in einer der Kabinen und ist, genau wie die Toilette, nur durch eine Holzwand abgetrennt. Auf diese Art und Weise können sämtliche Bewohner dieser Herberge an allen Verrichtungen teilhaben.

Nun stelle ich mich doch an, dusche nur mit Widerwillen und bemühe mich, die Schimmelflecken zu übersehen. Der Toilettengang ist mir unangenehm, so viel öffentliche Teilnahme an meinem Privatleben bin ich nicht gewohnt und plötzlich bekommt der Ausdruck ‚Stilles Örtchen' eine ganz andere Bedeutung.

Mit Waschmittel und Schmutzwäsche begebe mich hinunter in den kleinen Innenhof. Wenigstens hier ist es erträglich. Am Waschbecken hinter dem Haus wasche ich Unterhose, Socken und Funktionsshirt und hänge sie zu der anderen Pilgerwäsche auf den Wäscheständer. Es befinden sich, so kombiniere ich, noch zwei Männer und eine Frau in der Herberge.

Im Innenhof stehen ein paar Gartenmöbel, ich setze mich in die Sonne, lege meine müden, schweren Beine hoch und knabbere hungrig ein paar getrocknete Aprikosen, die mir als Proviant noch geblieben sind. Ein Anflug von Wohlbefinden lässt die Situation wieder etwas besser ertragen.

Drinnen regt sich etwas, die Mittagsruhe scheint beendet und ich höre jemanden die Treppe herunter kommen:

„Na wenn das mal nicht die schöne Pilgerin aus Astorga ist! Was verschlägt dich denn in dieses verlassenen Nest?"

Er muss wohl mich meinen, denn außer mir ist niemand zu sehen. Ich drehe mich um und erkenne, freudig überrascht, Herbert, dem ich bei meiner ersten Übernachtung in Astorga, begegnet war.

Herbert lässt sich faul auf dem Stuhl mir gegenüber nieder und bemerkt, mit Blick auf meine getrockneten Aprikosen, dass er sich damit nicht zufrieden geben würde, ein ordentliches Stück Wurst eher sein Fall wäre. Ich kann nicht anders und erzähle ihm von meinen Erfahrungen mit Pilgerinnen, die unbedingt teilen wollen, um es sich dann doch anders zu überlegen und von Einkaufsläden, die anscheinend immer dann geschlossen sind, wenn ich vorbei komme.

Das sei völlig untragbar, meint Herbert, er habe in El Acebo eine wunderbare Salami eingekauft, die er nun unbedingt mit mir teilen müsse und Tomate und Brot wären auch noch da.

Nicht, dass ich aussehe als würde ich jeden Moment vom Fleisch fallen, aber ich bin echt hungrig und finde das richtig nett von ihm. Er schickt mich in die erstaunlich gut ausgestattete Küche Geschirr zu holen, verschwindet hinauf in den Schlafbereich und während ich noch mit Tisch decken beschäftigt bin, kommt er, mit mehreren kleinen Tüten bepackt, schon wieder die Treppe herunter. Zur Feier des Tages gönnen wir uns noch eine eiskalte Cola aus dem Automaten und tafeln, als würden wir uns im besten Restaurant befinden.

Herbert ist bereits ein alter Hase auf dem Camino. Er erzählt, dass er verheiratet ist, einen erwachsenen Sohn hat und sich seit einigen Jahren jeden Sommer ein paar Wochen Auszeit nimmt, um auf den Camino zu gehen und Kraft zu schöpfen für den Alltag. Er läuft immer die gleiche Strecke von Pamplona bis Santiago, führt ganz genau Buch über die Herbergen, Bars und Restaurants am Weg und freut sich jetzt schon auf die, angeblich Spaniens beste, Pulperia in Cacabelos. Da ich kein Freund von diesem Meeresgetier bin kann er mich damit allerdings gar nicht locken.

Wir reden und reden, kommen ins Philosophieren und merken kaum wie die Zeit vergeht. Der Tag ist bereits fortgeschritten und so beschließen wir gemeinsam zum Abendessen in das einzige Restaurant von Riego zu bummeln.

Der eher an eine Bahnhofsgaststätte erinnernde, ungemütliche Gastraum ist vollbesetzt und wir ergattern die letzten beiden Plätze. Endlich, nach geraumer Zeit, begibt sich eine kompakte, resolute Spanierin an unseren Tisch und rattert einen Schwall spanischer Worte herunter, die wir als Aufzählung der Speisen interpretieren. Sie hat absolut kein Interesse sich bei der Verständigung Mühe zu geben und ist offensichtlich genervt, weil wir sie nicht verstehen.

Ich habe mich bereits abgefunden und bin willig das zu bestellen, was ich glaube verstanden zu haben: *ensalada mixta, pollo* und *vino tinto* - gemischten Salat, Hähnchen und Rotwein.

Herbert will sich damit nicht zufrieden geben, traut sich tatsächlich nochmals nachzufragen und bekommt einen nun noch mürrischer gewordenen spanischen Redeschwall ab. Seine Laune sinkt immer mehr und er probiert es mit einer arrogant wirkenden - der Gast ist König - Mine. Mit dem Erfolg, dass ihm die Wirtin mit spöttischer - du willst etwas von mir und verstehst meine Sprache nicht - Mimik kontert. Die Giftpfeile, die zwischen den beiden hin- und her geschossen werden, sind förmlich zu spüren und ich ziehe vorsichtshalber den Kopf ein, damit ich nicht versehentlich noch getroffen werde.

Schließlich muss Herbert eingestehen, dass er hier den Kürzeren zieht und bestellt das gleiche wie ich, nicht ohne sich über die sehr unhöfliche Art der Señora zu ärgern.

Nun muss ich mir eine Abhandlung über Gastfreundschaft und - die sollen froh sein, dass sie unser Geld bekommen - anhören und beginne mich in meiner Haut immer unwohler zu fühlen.

Glücklicherweise wird bald das Essen aufgetragen, dem Herbert sich sogleich zuwendet, und spätestens der Rotwein versöhnt ihn allmählich wieder. Er bestellt eine weitere Flasche Wein, mit der wir uns nach draußen auf die Terrasse begeben, wo eine Gruppe Spanier laut erzählend, lachend und singend für gute Stimmung sorgt.

Ziemlich weinselig spazieren wir in unser Refugium zurück und Herbert legt vertraulich seinen Arm um mich. Als ich seine Einladung zum Kuscheln dankend ablehne, zieht er sich, ein wenig enttäuscht, sofort in sein Bett zurück.

Die Nacht ist sehr unruhig, ich fühle mich in diesem Quartier nicht wohl. Vor meinem geistigen Auge sehe ich Wanzen und anderes Getier unter der Matratze lauern, die nur darauf warten, sich endlich auf mich stürzen zu können. Außerdem habe ich Probleme damit, sämtliche Bewohner der Herberge an meinem höchst privaten WC Gang akustisch teilhaben zu lassen. Die anderen Pilger scheint das nicht zu stören. Immer wieder schlurft jemand in Richtung ‚stilles Örtchen' und gibt sich dort sorglos seinen diversen Geschäften hin. Ich sollte mich bei ‚Wetten dass' anmelden. Ich wette, dass ich zehn Pilger am Strullergeräusch erkennen kann oder …. - ach nein, ich möchte nun doch nicht weiter ins Detail gehen und verfalle endlich in einen unruhigen Schlaf.

Riego de Ambrós – Fuentas Nuevas (24 km)

Am frühen Morgen wache ich zerknauscht auf und trotte mit noch halb geschlossenen Augen in Richtung Nasszelle, von wo mir ein ausgeschlafener und hellwacher Herbert einen fröhlichen: „Guten Morgen!" entgegen schmettert. Ich leide morgenmuffelnd vor mich hin und ringe mir ein Lächeln ab. Leider habe das Restaurant noch geschlossen, Frühstück gebe es damit hier nicht und so wolle er schon mal losgehen. Ich würde ihn sicher irgendwann einholen und dann könnten wir gemeinsam nach Cacabelos weiter gehen. Ich versichere Herbert, dass wir uns gewiss wieder treffen werden, höre dankbar wie er die Stufen hinunter steigt und die schwere Holztür hinter ihm ins Schloss fällt.

Es ist mir nicht gelungen, Herbert gegenüber klar zu äußern, dass ich am liebsten alleine laufen möchte. Besonders unter Pilgern gilt die Regel, seine Bedürfnisse offen mitzuteilen und die der anderen als selbstverständlich und ohne Wertung zu akzeptieren. Leider habe ich mir dies noch immer nicht zu eigen machen können und auf dem Camino hätte ich die Gelegenheit zu üben, was auch zu Hause im Alltag sehr hilfreich ist.

Schnell packe auch ich meine Utensilien zusammen, gewinne den Kampf mit dem Schlafsack und verlasse die Herberge, in der ich mich nicht sehr wohl gefühlt habe.

Außer dem widerspenstigen Schlafsack habe ich noch ein weiteres Problem, ich habe heftige Schmerzen in meinem linken Arm und in der Schulter. So, dass ich kaum den Arm heben kann um meinen Rucksack aufzusetzen. Zum wiederholten Mal stelle ich fest, dass es nicht leicht ist ein Pilger zu sein. Kondition lässt sich trainieren, Packlisten sind in unzähligen Foren zu finden, aber auf solch banale Probleme wie ‚Schlafsack effektiv packen' und ‚Rucksack ergonomisch aufsetzen' wird man nicht vorbereitet. Oder sollte ich tatsächlich die erste und einzige Pilgerin sein, die sich mit solchen Dingen auseinandersetzen muss? Wie peinlich ist das denn?

Mit diesen Gedanken im Kopf schlendere ich noch ein wenig durch den Ort und stelle fest, dass Riego ein durchaus nettes Dörfchen ist, bevor ich mit dem Abstieg über den rutschigen, steil abwärts führenden Pfad beginne. Obwohl der Weg landschaftlich wunderschön ist, stapfe ich nölig vor mich hin. Ich habe schlecht geschlafen, mein Rucksack ist heute besonders schwer und ich bin schlecht gelaunt.

Sanfte, mit Besenginster bewachsene Hügel, soweit das Auge reicht

Vor mir gehen zwei Pilgerinnen, die sich mit dem Weg sehr schwer tun und unsicheren Schrittes über das Geröll stolpern. Sie bleiben stehen um mich vorbei zu lassen und ich überhole zwei sehr aparte, ältere Spanierinnen, die vielleicht mehr auf Funktionalität denn auf Eleganz ihres Outfits hätten achten sollen. Zweifelsohne wirke ich mit meinen derben, inzwischen sehr staubigen Wanderschuhen wie ein Trampel neben den beiden in modischen Turnschuhen und schicken Hosen gekleideten Señoras. Wir grüßen uns freundlich und beim Vorbeigehen sehe ich bewundernd, dass die beiden sogar perfekt geschminkt auf dem Camino unterwegs sind. Festen Schrittes marschiere ich weiter, froh um meine Wanderstöcke, die mir den Abstieg deutlich erleichtern.

Nach einer Weile werde ich von einer Gruppe junger Leute überholt, die einzeln oder in Zweiergrüppchen, miteinander auf Deutsch plaudernd, leichten Schrittes an mir vorbei spazieren. Unter ihnen erkenne ich die beiden Mädels, denen ich in der Herberge in Rabanal begegnet war. Als sich die Gruppe unter einer dicken Esskastanie zur Rast im Gras niederlässt, laufe ich grüßend vorbei und freue mich an der sehr netten und fröhlichen Gemeinschaft.

Zu dieser Zeit empfinde ich es noch als besonders beachtenswert, dass sich Jungens und Mädels um die zwanzig bereits auf den Pilgerweg begeben. Später, mit ein wenig mehr Pilgererfahrung, weiß ich, dass dies absolut keine Besonderheit ist und Menschen jeglichen Alters auf dem Camino unterwegs sind.

Der steile Pfad bergab ist anstrengend, ich habe Durst und lege eine kurze Pause ein, um kurz darauf erneut von den jungen Pilgern und Pilgerinnen überholt zu werden. Wir tauschen amüsiert ein paar Floskeln aus und bald sind sie aus meinem Blickfeld verschwunden.

Mit meinen Gedanken wieder alleine genieße ich die Stille und die Natur. In meiner miesen Stimmung hatte ich bisher die wunderschöne Landschaft gar nicht so richtig wahrgenommen. Jetzt, wo ich wieder mit mir und meiner Umwelt versöhnt bin, verstehe ich auch, weshalb diese Landschaft mit dem poetischen Namen ,Nachtigallental' betitelt ist.

Nach einer Wegbiegung sehe ich Molinaseca vor mir im Tal und der Anblick des sehr hübschen Städtchens und den schmucken Häusern, die sich im Rio Meruelo spiegeln, überzeugt mich endgültig und meine Laune ist wieder bestens.

Nach einem kurzen Stück entlang der Straße, gelange ich an eine römische Steinbrücke, die über den Fluss in die Stadt hinein führt. Es ist ja schon fast klar, dass ich hier auf die Pilgergruppe treffe, die sich auf der Mauer der Brücke niedergelassen hat. Ein junger Mann kommt grinsend auf mich zu, bittet mich ein Foto zu schießen und sechs junge Pilger und Pilgerinnen lächeln mir, mit Postkartenmotiv im Hintergrund, entgegen.

Nun ist die Gelegenheit sich ein wenig bekannt zu machen und so erfahre ich, dass die Pilger aus Dresden, Ludwigshafen und Baden-Baden stammen, bisher eigentlich alleine oder zu zweit unterwegs waren und erst seit kurzer Zeit als Gruppe unterwegs sind. Gemeinsam genießen wir die frühe Morgensonne, die schöne Umgebung und plaudern eine Weile, bis sich die nette Truppe verabschiedet und ihren Weg fortsetzt.

Ich hingegen entdecke in einer Bar mit Tischen und Stühlen direkt am Fluss, den perfekten Platz für ein Frühstück, genieße meine *tostadas* mit Butter und Marmelade, einen sehr leckeren *café con leche*, blinzele in die Sonne und bin mit mir und meiner Umwelt absolut im Reinen.

Nach dieser Stärkung schlendere ich zufrieden durch den malerischen Ort und versorge mich in einem gut sortierten Laden mit Proviant. Angesichts der verlockenden Köstlichkeiten muss ich mich bremsen nur das Nötigste zu kaufen, schließlich muss alles geschleppt werden. Beim Bezahlen bietet mir der sehr zuvorkommende Ladenbesitzer eine Kostprobe einer frisch aufgeschnittenen *empanada* vom Blech an und erklärt, von ausladender Gestik begleitet, dies sei ganz sicher die beste *empanada* Spaniens und von seiner Mama hausgemacht. Leider bin ich kein Freund von herzhaftem Essen am frühen Vormittag und zudem trieft die mit Thunfisch- und Oliven gefüllte Teigtasche vor Olivenöl. Trotzdem beiße ich tapfer ein großes Stück ab und bemühe mich verzückt mit den Augen rollen. Der nette Spanier entlässt mich mit stolz geschwellter Brust und verabschiedet mich überschwänglich.

Bald habe ich Molinaseca hinter mir gelassen und befinde mich auf direktem Weg nach Ponferrada. Ich entscheide mich für die etwas längere und dafür angeblich landschaftlich ansprechendere Wegstrecke über Campo. Im Nachhinein wäre die Variante ‚kurz und schmerzlos' vielleicht die bessere gewesen. Aber nun quäle ich mich auf einer scheinbar niemals enden wollenden, hässlichen Asphaltstraße in weitem Bogen Richtung Ponferrada, die Häuser der Großstadt beständig in weiter Ferne.

Es ist heiß, die Straße dampft und weit und breit ist keine Menschenseele zu entdecken. Unter normalen Umständen käme ich niemals auf die Idee mit einem 10 kg schweren Rucksack auf dem Rücken eine Ausfallstraße entlang, durch ein Industriegebiet in eine Stadt zu wandern. Was muss mich nur geritten haben, dass ich genau dies gerade tue?

Ich beginne zu philosophieren und den Camino mit dem Leben zu vergleichen. Nur wenn man nicht stehen bleibt, tapfer Schritt für Schritt weiter geht, kommt man voran und nach weniger guten Wegen kommen auch wieder bessere.

Öder, nicht enden wollender Weg nach Ponferrada

Mich selbst motivierend beginne ich laut vor mich hin zu singen und krame in meinem Kopf nach längst vergessenen Texten sämtlicher Volkslieder und Schlager, die mir einfallen. Mangels Inspiration beginne ich sogar mir selbst irgendwelche Texte auszudenken und den Rhythmus der Melodie meinem Marschschritt anzupassen. Endlich erreiche ich die ersten Häuser, registriere menschliches Leben und beende vorsichtshalber meine künstlerischen Ergüsse.

Bemüht mir meine Schwäche nicht anmerken zu lassen, schleppe ich mich mit letzter Kraft die Altstadt hinauf und an der Templerburg vorbei. Ich bleibe kurz stehen um das mächtige Bauwerk zu bewundern, kann mich zu einer Besichtigung jedoch nicht aufraffen und laufe weiter bis zur Basílica de la Encina, die ich ehrfürchtig betrete.

Gregorianische Gesänge erfüllen den Raum, ich kann jedoch nicht erkennen, ob die Musik vom Band kommt oder tatsächlich irgendwo auf der Empore Mönche stehen und singen. Das spielt im Moment aber auch keine Rolle. Ich lasse mich auf einer Kirchenbank nieder, was mit meinem Rucksack auf dem Rücken nicht ganz einfach ist, lausche den stimmungsvollen Gesängen, lasse meinen Blick durch die Basilika schweifen und spüre, wie die Erschöpfung nachlässt. Auf Dauer wird mir die nicht ganz entspannte Sitzposition jedoch zu anstrengend und ich trete wieder hinaus in die Sonne.

Draußen befinden sich einige Bänke und ich beschließe hier meine Mittagsrast einzulegen. Mit bestem Blick auf die Basilika und den Platz davor packe ich meinen Proviant aus, Baguette, Käse, der von gestern übrig geblieben ist und eine Banane. Da die Lagerungsbedingungen für den Käse zugegebenermaßen nicht ganz optimal waren, bleibt es jedoch bei einem etwas einfacheren Mittagsmal, bestehend aus Baguette und Banane. Dafür gönne ich mir später noch einen *café con leche*, den ich auf einem Plätzchen in der Altstadt genieße, während ich einer meiner Lieblingsbeschäftigungen ,Leute beobachten' nachgehe.

Es fällt mir echt schwer mich aufzuraffen, aber schließlich habe ich noch ein Stück des Weges vor mir, in Ponferrada möchte ich nämlich nicht übernachten.

Auch der Weg aus der Stadt hinaus zieht sich ewig und will gar nicht aufhören. Entlang verkehrsreicher Straßen, vorbei an Wohnsiedlungen, dann durch wieder eher locker besiedeltes Gebiet, gelange ich nach Fuentes Nuevas. Ich kann nicht mehr, habe keine Lust und keine Kraft mehr und entscheide mich für ein Hostal, das in meinem Unterkunftsverzeichnis beschrieben ist. Das Hostal liegt gut einen Kilometer vom Jakobsweg entfernt und der Weg dorthin gibt mir den Rest. Die Füße, der Rücken, meine Knie, alles schmerzt. Ich schwitze, ich habe Durst, mein Rucksack ist schwerer denn je, ich fühle mich alleine und sehne mich nach Hause.

Warum tue ich mir das an?

Endlich, nach gefühlten zehn Kilometern, erreiche ich das Hostal, betrete es über eine Bar und will nur noch ein freies Zimmer. Hinter der Theke ist eine hübsche, junge Spanierin mit dem Kaffeeautomaten beschäftigt, an der Theke sitzen einige Männer, die mich neugierig begutachten. Ich grüße mit einem freundlichen „*Hola!*" und warte geduldig, bis sich die Bedienung mir zuwendet. Leider versteht sie keine andere Sprache außer Spanisch und es dauert eine Weile bis ich ihr verständlich gemacht habe, dass ich sehr gerne ein Zimmer hätte und irgendwann tatsächlich einen Zimmerschlüssel in der Hand halte.

Ich scheue mich zuerst, mit meinen staubigen Wanderschuhen, das in diesem Moment für mich ungewohnt komfortable Zimmer, zu betreten, habe die Scheu aber sehr schnell überwunden und freue mich über das breite Bett mit Kopfkissen, Decke und sauberer, weißer Bettwäsche und über das große Badezimmer mit Badewanne. Alles für mich ganz alleine!

Nachdem ich mich von meinen Wanderschuhen befreit und die notwendigen Dinge aus dem Rucksack herausgesucht habe, gönne ich mir den Luxus einer sehr ausgiebigen Dusche, wasche Socken und Unterwäsche, verteile sie zum Trocknen dekorativ im Badezimmer, schließe mein Handy ans Ladegerät an, packe die Akkus meiner Digitalkamera in ein zweites Ladegerät und fletze mich auf das ausgesprochen gemütliche Bett. Nach nur drei in Pilgerherbergen verbrachten Nächten erscheint mir dieses Zimmer wie eine Unterkunft in einem First Class Hotel.

Ich schmökere ein wenig in meinem Reiseführer, döse eine Zeitlang vor mich hin und werde schon nach kurzer Zeit unruhig. Mir fehlen die Pilger, mit denen ich plaudern, mich austauschen, vielleicht ein wenig durch den Ort bummeln und gemeinsam zum Essen gehen kann. Abendessen gibt es hier, ein wenig abseits vom Camino, erst am späteren Abend und irgendwie muss ich mir bis dahin die Zeit vertreiben.

Mein Zimmer liegt in einem der oberen Stockwerke und aus dem Fenster habe ich einen großartigen Blick über die Dächer der Häuser bis zu den Bergen am Horizont. Ich kann die lange, gerade Straße überblicken an deren Ende ich den Camino vermute, beobachte die Menschen, die, meist mit mehreren Einkaufstüten beladen, hin und her eilen und bin irritiert über die vielen Autos, die meist viel zu schnell und oft laut hupend unterwegs sind. Auf dem Camino geht es doch sehr viel beschaulicher zu.

Plötzlich fühle ich mich eingesperrt und entschließe mich, trotz schmerzender Füße und schwerer Beine, zu einem kleinen Spaziergang, um ein wenig die Gegend zu erkunden. Nach wenigen Metern befinde ich mich auf einer breiten Zufahrtstraße nach Ponferrada, in einem kleinen Gewerbegebiet. Die Gegend ist nicht sehr attraktiv und hat typischen Vorortcharakter. Durch ein Wohngebiet mit wenig attraktiven Wohnblocks, laufe ich zum Hostal zurück und hoffe, dass ich inzwischen etwas zu essen bekomme.

Ich habe Glück und eine zuvorkommende junge Frau führt mich in den nicht sehr gemütlichen, fensterlosen Speiseraum, der hinter der Bar liegt. Viele Tische sind bereits besetzt und lautes Palaver erfüllt den

Raum. Die freundliche Spanierin führt mich an einen Einzeltisch, legt mir die Speiskarte vor und steht erwartungsvoll bereit, um meine Bestellung aufzunehmen. Leider sind die Menüvorschläge nur auf Spanisch verfasst und noch immer verstehe ich kaum etwas davon. Auf meinen hilflos fragenden Blick hin holt sie eine Kollegin zu Hilfe und die beiden jungen Damen bemühen sich redlich, mir vorzuspielen was die Küche zu bieten hat. Trotz der rührenden Bemühungen verstehe ich fast nichts und komme mir sehr undankbar vor. Also zeige ich Risikofreude, bestelle, was ich glaube verstanden zu haben und die beiden Damen sind glücklich ob ihrer erfolgreichen Übermittlung der Speisekarte.

Kurz darauf bekomme ich eine Flasche Rotwein auf den Tisch gestellt, fürchte ein Missverständnis und versuche pantomimisch zu übermitteln, dass ich unmöglich einen Liter Rotwein zu mir nehmen könne. Die Kellnerin winkt jedoch ab, schenkt sofort mein Glas voll, offensichtlich um mir zu demonstrieren, dass alles seine Richtigkeit habe. Da weitere Gegenwehr zwecklos scheint, ergebe ich mich in mein Schicksal, leere durstig das Glas Rotwein in ziemlich kurzer Zeit und fühle mich daraufhin leicht beschwingt.

Glücklicherweise habe ich kein gekochtes Kalbshirn oder sonstige Ekligkeiten bestellt, sondern einen leckeren Vorspeisensalat und gegrilltes Kotelett mit Pommes. Während ich hungrig mein Essen verzehre, beobachte ich fasziniert das Treiben um mich herum. Der Speiseraum hat sich gefüllt und fast alle Tische sind mit Spaniern besetzt, die sich lautstark unterhalten.

An der Wand hängt ein sehr großer Flachbildfernseher, in dem ein Musikclip nach dem anderen läuft. Dass der Ton auf lautlos gestellt ist, scheint niemanden zu stören, der Fernseher flimmert ohnehin von den Gästen völlig unbeachtet vor sich hin, außerdem jammert im Hintergrund eine spanische Schnulze aus einem unsichtbaren Radio.

Inmitten dieser grellen Szenerie fühle ich mich etwas verloren, vermisse die Pilgergemeinschaft und trinke noch etwas Rotwein.

Wie in der Vergangenheit bereits mehrfach, stelle ich auch hier wieder fest, dass die Spanier es beim Essen ziemlich eilig haben. Eine größere Gruppe Männer - Typ Geschäftsmann - die den Speiseraum eine ganze Zeit nach mir betreten und sowohl an Essen als auch an Getränken ordentlich zugeschlagen hat, ist bereits beim Bezahlen während ich noch die letzten Salatblättchen meiner Vorspeise aus der Schüssel fische. Und so sehr ich mich auch bemühe die Hauptspeise schnell genug aufzuessen, der Nachtisch, eine köstliche *Tarte de Santiago*, steht schon auf dem Tisch, als ich noch nicht einmal die Hälfte des Fleisches aufgegessen habe. Von der mir bisher vertrauten Gepflogenheit der Südländer Mahlzeiten lange und genussvoll auszudehnen, ist hier in Nordspanien absolut nichts zu bemerken. Allerdings nehmen sie sich, zumindest hier in Nordspanien, ausreichend Zeit um im Anschluss den einen oder anderen Café, Schnaps oder Wein in der Bar einzunehmen.

Ich trinke noch ein wenig Rotwein, bitte um die Rechnung und hoffe, dass diese nicht allzu üppig ausfällt. Schließlich habe ich heute kein Pilgermenü zu mir genommen, sondern ein durchaus schmackhaftes Drei-Gänge-Menü in einem Hotelrestaurant.

Als die nette Kellnerin den Preis nennt, denke ich zuerst noch, nicht einmal der einfachsten spanischen Zahlen mächtig zu sein, doch auf der Rechnung steht ebenfalls die Zahl Neun. Soviel zum angeblich günstigen Pilgermenü auf dem Camino, für das ich bisher immer mindestens zehn Euro gezahlt habe. Überrascht und erfreut über die kleine Rechnung, gebe ich ein großzügiges Trinkgeld, trinke noch ein Glas Rotwein und begebe mich ziemlich weinselig auf mein Zimmer.

Überraschend schnell habe ich die auf dem Jakobsweg üblichen Regeln verinnerlicht und empfinde es als sehr ungewohnt, mich nicht an Schlafenszeiten halten zu müssen. Ich kann völlig selbstständig entscheiden, wann ich das Licht löschen möchte. So trödele ich noch ein wenig im Bad herum, breite mich in meinem sehr großen Bett aus und versuche zu lesen. So richtig will es mir jedoch nicht gelingen mich auf meine Lektüre zu konzentrieren, da meine Gedanken immer wieder zum Camino und zu den Pilgern abschweifen, die jetzt, geborgen in trauter Gemeinschaft, in mehr oder weniger gemütlichen Stockbetten schlummern. So also fühlt es sich an, wenn man als Pilger den Abend und die Nacht alleine verbringt. Schließlich dämmere ich ein, nicht ohne daran zu denken, dass ich am nächsten Morgen eigentlich ganz lange ausschlafen könnte.

Fuentes Nuevas – Pereje (19 km)

Obwohl ich wieder sehr unruhig schlafe, werde ich am nächsten Morgen tatsächlich erst durch meinen Handywecker wach und nicht durch die Geräusche der frühen Pilger. Ausgiebig und genussvoll benutze ich mein Badezimmer, packe meinen Rucksack und - muss heute nicht mit meinem Schlafsack kämpfen. Gegen acht Uhr verlasse ich das Hostal, das völlig ausgestorben scheint. Restaurant und Bar sind geschlossen, also mache ich mich ohne Frühstück auf den Weg. Unterwegs komme ich an einer kleinen Bäckerei vorbei, die ich nur deshalb als solche erkenne, weil gerade ein Bäcker damit beschäftigt ist, ein davor parkendes Auto mit Backwaren zu beladen. Ich betrete den kargen Verkaufsraum, der nur mit einer Theke ausgestattet ist und ansonsten auf jeglichen Firlefanz wie Regale oder Deko verzichtet. Es duftet wunderbar nach frischem Brot; es gibt jedoch keinerlei Auslage, wie man es bei uns gewohnt ist. Eine junge, ausgesprochen hübsche Spanierin mit wundervollen langen, braunen Haaren kommt aus der Backstube nach vorne in den Laden und verkauft mir ein appetitlich aussehendes, knuspriges Baguette, das sie aus einem der großen Papiersäcke fischt, die hinter der Theke auf dem Boden stehen.

Ich verstaue das Brot in meinem Rucksack, marschiere weiter die Straße entlang Richtung Camino und entdecke nach kurzer Zeit die Jakobsmuschel an einer Hauswand. Kurz darauf begegnen mir die ersten Pilger. Ich bin wieder da! Es fühlt sich sehr gut an wieder auf dem Camino zu sein.

Jetzt fehlt mir nur noch ein *café con leche* und das Glück ist vollkommen. Also entscheide ich mich für die kleine Bar auf die ich gerade zulaufe, obwohl sie auf den ersten Blick nicht sehr einladend wirkt. Drinnen ist es zwar etwas duster, aber sehr gemütlich und ich setze mich auf einen Hocker direkt an der Theke. Die sympathische, etwa 30jährige Bedienung plappert mit zwei Pilgern in gutgelauntem Spanisch, während sie Baguettes vorbereitet. Fröhlich verabschiedet sie die zwei Pilger, die das üppig belegte Brot in den Rucksack packen und wendet sich, mit einem breiten Lächeln im Gesicht, mir zu. Ich staune nicht schlecht, als sie mich ohne Umschweif auf Deutsch, mit lustigem Schweizer Akzent, anspricht. Sie erzählt, dass ihre Mutter Deutsche sei, sie hier im Ort geboren wurde, in Deutschland und der Schweiz aufgewachsen und vor einigen Jahren wieder hierher zurückgekommen sei. Nun führe sie gemeinsam mit ihrem Mann dieses Lokal, begegne jeden Tag vielen netten Menschen und sei sehr glücklich. Sie strahlt eine große Zufriedenheit aus und gibt diese auch an ihre Gäste weiter.

Nachdem ich mir die sehr liebevoll zubereiteten *tostadas* und einen wunderbaren *café con leche* einverleibt habe, verlasse ich die Bar und nehme ein großes Stück von der guten Laune mit.

Ich fühle mich nicht ganz fit, mir fehlt es an Schlaf und ich bin ein wenig erkältet, dennoch bin ich beschwingt und freue mich aufs Laufen. Mit großen Schritten marschiere ich die Landstraße entlang und versuche die vielen Storchennester zu zählen, die auf jedem Kirchturm, Pfahl, Mast und auf jedem höheren Gebäude zu sehen sind.

Nach eher ländlicher Gegend komme ich nun noch einmal in einen städtisch anmutenden Ort, der die Nähe von Ponferrada spüren lässt. Der Camino führt entlang einer Straße, vorbei an vollen Einkaufsläden und Bars, über einen Kreisel aus dem Ort hinaus und an einer Bodega vorbei in Richtung Autobahn.

Seit längerer Zeit habe ich keine Jakobsmuschel mehr gesehen, bleibe stehen und schaue mich etwas irritiert um. Da entdecke ich auf der verkehrsreichen, mehrspurigen Straße eine wild gestikulierende Fahrerin, in einem mir entgegenkommenden Auto. Obwohl das Auto ziemlich schnell an mir vorbei gefahren ist, habe ich verstanden, dass mir die hilfsbereite Dame deuten will, dass ich den falschen Weg eingeschlagen habe. Und tatsächlich sehe ich auf dem Pfad, der auf der gegenüberliegenden Seite bergan über die Autobahnbrücke führt, einige Pilger laufen. Also mache ich kehrt, muss ein ganzes Stück wieder zurück und entdecke bei der Bodega das Wegzeichen. Gerade als ich die Straße überqueren will, kommt das Auto mit der besorgten Spanierin wieder angefahren, die Señora lächelt mir bestätigend zu und fährt weiter. Da ist sie doch tatsächlich im Kreisel nochmals zurückgefahren, um sich zu vergewissern, dass ich nun die richtige Richtung eingeschlagen habe. Beeindruckt von so viel freundlicher Hilfsbereitschaft stapfe ich den steilen Pfad hinauf, überquere die Autobahn und befinde mich nach einer Kurve in den Weinbergen des El Bierzo.

Nachdem ich nun zwei Tage meist auf Asphaltstraßen durch die Stadt Ponferrada und ihren diversen Vororten gelaufen bin, genieße ich nun sehr die schöne Landschaft und den steinigen Weg, der mich durch Weinberge und kleine Wäldchen nach Cacabelos führt.

Das hübsche, kleine Städtchen macht einen sehr sauberen Eindruck und wirkt liebevoll gepflegt. Die wegweisende Jakobsmuschel ist im ganzen Ort als kleines Metallrelief an Hauswänden, Mauern und sogar in der Straße eingelassen. Mehrere Restaurants und Pulperias, die allerdings am frühen Vormittag noch geschlossen sind, säumen den Weg. Abends herrscht hier sicher geselliges Treiben und es entsteht manch fröhliche Runde. Wahrscheinlich hat auch Herbert hier irgendwo den gestrigen Abend verbracht und den - sicherlich besten - Pulpa Spaniens genossen.

In einem Hinterhof entdecke ich eine Art kleine Markthalle und bummle an Ständen mit leckeren Köstlichkeiten vorbei, die mir das Wasser im Mund zusammenlaufen lassen. Mein Einkauf muss sich jedoch wieder auf etwas Käse, eine Banane und eine sehr appetitlich aussehende Fleischtomate beschränken, die mir die nette Verkäuferin vorm Einpacken sogar wäscht.

Nachdem ich Cacabelos hinter mir gelassen habe, geht es wieder eine Zeitlang die Nationalstraße entlang, durch einen kleinen Weiler und da ich keine Lust mehr auf Straße habe, entscheide ich mich für die etwas längere Variante durch die Weinberge.

Als ich im Begriff bin in den Feldweg einzubiegen, sehe ich die beiden englischen Ladies vor mir und beschleunige meinen Schritt. Die beiden freuen sich mindestens genauso wie ich über die erneute Begegnung und wir begrüßen uns wie alte Freunde. Während wir gemeinsam weitergehen, haben wir uns viel, über das, was wir in den letzten Tagen erlebt haben, zu erzählen. Ich amüsiere mich darüber, dass die sympathischen Britinnen besonders leidenschaftlich und ausführlich von ihrem Einkauf erzählen, den sie in einem *reizenden Bioladen* getätigt haben, wo sie bei einer *hinreißenden Bäuerin einen ganz wundervollen Käse, fantastischen Schinken und besonders leckere Oliven* erstanden haben.

Den Freundinnen sieht man absolut nicht an, dass ihnen das leibliche Wohl sehr am Herzen liegt, sie sind beide ausgesprochen schlank. Ich mit meiner barocken Figur nehme schon beim bloßen Gedanken an den sicherlich nicht fettarmen Käse aus dem Bioladen zu. Manche Dinge sind einfach nicht gerecht verteilt.

Eine Weile laufen wir nebeneinander her, schwärmen über die schöne Landschaft und bleiben immer wieder stehen um den Blick über die sanften Hügel schweifen zu lassen. Schließlich falle ich ein wenig zurück und lasse die Ladies erst einmal alleine weiterlaufen. Ein dringendes menschliches Bedürfnis veranlasst mich, nach einem Gebüsch Ausschau zu halten. Der Bewuchs in dieser Gegend ist eher spärlich aber ich entdecke eine kleine Felsgruppe am Wegesrand, die mir für mein Vorhaben geeignet scheint. Ich versuche mich zwischen die Felsen zu hocken, der schwere Rucksack zieht aber so nach hinten, dass ich das Gleichgewicht verliere und unsanft auf mein Hinterteil plumpse. Über mich selbst lachend setze ich nun doch zuerst den Rucksack ab und versuche mein Glück noch einmal. Deutlich erleichtert befreie ich meine Kleidung von Staub und Gestrüpp, packe meinen Rucksack und begebe mich wieder zum Weg zurück. Da erscheint aus dem Gebüsch ein Stück hinter meinem Plätzchen ein Pilger, den ich zuvor nicht bemerkt hatte. Wir bemühen uns recht unbeteiligt zu schauen, grüßen uns kurz und gehen beide weiter unseres Weges. Noch eine ganze Zeitlang muss ich beim Gedanken daran, was er dort hinten getan und was er gesehen hat, vor mich hin grinsen.

Nach einer Weile entdecke ich die Engländerinnen wieder vor mir. Die Fotografin Gil schlendert suchenden Blickes den Weg entlang, um den Hals ihre Kamera, ausgestattet mit einem ordentlich großen Objektiv, ihre Freundin läuft ein ganzes Stück voraus. Jede lässt der anderen genügend Freiraum, so kommen beide auf ihre Kosten und es entstehen keine Konflikte.

Die Weinlandschaft des El Bierzo

Immer wieder entdeckt Gil ein anscheinend lohnenswertes Motiv, immer wieder bleibt sie stehen, um dieses zu fotografieren. Da fällt mir auf einem großen Stein das bunt bemalte Relief einer Jakobsmuschel auf, dekorativ platziert vor mit dunklen Trauben dicht behangenen

Weinreben. Ein sehr schönes Bild, das ich mir einen Moment ansehe, bevor ich meine Kamera zücke, um es festzuhalten. Gil nickt zustimmend: „A very lovely picture!" Stolz über die anerkennenden Worte der Profi-Fotografin, lächle ich sie dankbar an und marschiere doppelt beschwingt weiter.

So laufen wir drei Pilgerinnen sehr entspannt eine ganze Zeitlang durch die hügeligen Weinberge des El Bierzo. Mal gemeinsam, mal zu Zweit und zwischendurch wieder jede ein Stück für sich alleine, beteuern uns immer wieder wie schön doch die Gegend sei und machen uns gegenseitig auf besonders reizvolle Ausblicke aufmerksam.

In diesem Trott erreichen wir Villafranca del Bierzo. Für die englischen Ladies endet hier die Wanderung und wie ich erst jetzt erfahre, nicht nur für heute, sondern für dieses Mal. Sie wollen in Villafranca übernachten und kehren morgen nach England zurück. Im nächsten Jahr werden sie ihren Weg von hier aus fortsetzen, um dann in Santiago ankommen. Wir verabschieden uns mit der Versicherung, dass wir uns vielleicht irgendwann und irgendwo einmal wieder treffen, sehr herzlich voneinander. Die beiden schlagen den Weg zur Herberge ein und ich laufe weiter, da ich mir für heute ein anderes Übernachtungsziel vorgenommen habe.

Wehmütig trotte ich vor mich hin und hänge meinen Gedanken nach. So ist das im Leben. Man trifft Menschen, geht ein Stück gemeinsam und irgendwann trennen sich die Wege wieder. Aber immer werden Spuren hinterlassen, Erinnerungen, Emotionen, Eindrücke, die, auch wenn die Begegnung vielleicht nur flüchtig war, sehr intensiv sein können.

Ich nehme von Villafranca nur wenig wahr, obwohl auch dieser Ort einer der bemerkenswerten und sehr geschichtsträchtigen Plätze am Jakobsweg ist. Im Mittelalter gab es hier viele Klöster, Kirchen und Pilgerhospize, Kranke, die ihren Pilgerweg nach Santiago nicht fortsetzen konnten, erhielten bereits hier, in der Iglesia de Santiago, ihren

Sündenerlass. Ich passiere einige imposante Gebäude, die mich aber nicht länger verweilen lassen. Dies liegt nicht nur an meiner etwas wehmütigen Stimmung, sondern ich spüre zum wiederholten Male, dass mich die Naturerlebnisse derzeit mehr berühren.

Dennoch muss ich eine Pause einlegen. Ich habe Durst, Lust auf einen *café con leche* und das Gefühl mich ein wenig erfrischen zu müssen. Kurz vor Ortsausgang entdecke ich eine Bar mit einer schmalen Terrasse direkt oberhalb des Río Valcarce und betrete den großen, dunklen Gastraum, in dem sich nur Männer aufhalten. Einige sitzen an der langen Theke und nippen an ihrem Café, andere sitzen in Gruppen an kleinen Tischen, vertieft in ein Kartenspiel. Als ich den Raum betrete heben sie kurz den Kopf, mustern interessiert die Pilgerin, die müde und verschwitzt herein kommt, widmen sich jedoch gleich wieder ihrer jeweiligen Beschäftigung.

Mit c*afé* und a*qua minerale* setze ich mich auf die sehr schmale Terrasse auf der gerade eben ein Stuhl Platz hat. Von hier kann man einen wunderbaren Blick auf den Ort gegenüber und auf das Flussbett etliche Meter unterhalb genießen. Der Fluss hat nur sehr wenig Wasser, überall schauen Felsen heraus und vereinzelt sind mit Kieseln bedeckte Inselchen zu sehen. Das Wasser wirkt erfrischend und einladend, jetzt hätte ich Lust mich auf einen der großen Steine zu setzen, mit den Füßen im kühlen Nass zu planschen und den Tag gemütlich ausklingen zu lassen. Da ich allerdings heute noch Pereje erreichen möchte, verwerfe ich diesen Gedanken schnell, trinke meinen *café con leche* aus, fülle meine Trinkflasche mit dem frischen, kühlen a*qua minerale* auf, schultere meinen Rucksack und begebe mich gefühlte 300 Stufen hinab zur Toilette, die sich im Keller des Hauses befindet. Nachdem ich mich ein wenig frisch gemacht habe, bin ich bereit weiter zu laufen.

Ab Villafranca habe ich wieder zwei Alternativrouten, traue mich jedoch nicht, den Camino Duro, den ‚harten' Weg zu gehen und habe mir deshalb vorgenommen die zehn Kilometer entlang der Nationalstraße aufzuteilen und in Pereje, das etwa in der Mitte liegt, zu übernachten.

Obwohl ich müde bin, lege ich einen forschen Schritt vor und lasse Villafranca bald hinter mir. Vor mir liegt das Wegstück, das Hape Kerkeling in seinem Buch sehr dramatisch als Höllentrip beschreibt. Er erzählt von Autos, die unaufhörlich an ihm vorbei donnern und von Lastwagen, die durch ihre rücksichtslose Fahrweise Todesängste bei ihm auslösen. Ich empfinde es als gar nicht so schrecklich und erfahre später, dass sich die Lage, seit dem Bau der neuen Autobahn, deutlich entspannt hat.

Der asphaltierte Weg ist durch eine etwa hüfthohe Mauer von der sehr spärlich befahrenen Straße abgeteilt. Links, direkt neben mir, fällt der Abhang etliche Meter tief in ein bewaldetes Tal, in dem sich ein kleiner Bach schlängelt. Auf der anderen Seite geht es direkt neben der Straße steil den Fels hinauf.

Nur sehr wenige Pilger begegnen mir, die meisten nehmen wohl den landschaftlich deutlich reizvolleren Camino Duro oder haben bereits ihr Quartier bezogen. Es ist schon später Nachmittag, eine für viele Pilger durchaus fortgeschrittene Tageszeit.

Der Wegabschnitt ist ziemlich langweilig und ich bin froh, als nach über einer Stunde endlich der Abzweig nach Pereje auftaucht. Über eine schöne, mit hohen Bäumen bewachsene Allee gelange ich in das kleine Straßendorf und entdecke fast am Ende des Ortes die Pilgerherberge, die ich gemeinsam mit einer Gruppe junger Italiener betrete. Wir gelangen in einen hellen, großzügigen Raum, in dem der *hospitalero* an einem Schreibtisch sitzt und die Aufnahmeformalitäten erledigt.

Als ich an die Reihe komme sind die Betten alle belegt und mir bleibt nur noch Platz auf dem Matratzenlager im oberen Stockwerk. Eine Pilgerin aus der italienischen Gruppe verständigt sich kurz mit dem *hospitalero* und erst als ich doch in den Schlafsaal geschickt werde, verstehe ich, dass sie mir ihr Bett anbietet und selbst mit einem Platz im Matratzenlager vorliebnimmt.

Ich ziere mich nicht lange, bedanke mich sehr herzlich und beziehe meine gemütliche Schlafstätte, das hinterste von zwölf breiten, komfortablen Betten, direkt an einem Fenster. Am Fußende steht ein kleiner Tisch, belegt mit mindestens sechs Handys, die zum Aufladen an Steckdosen hängen.

Einige junge Spanier liegen auf ihren Betten und sind sehr ernsthaft mit intensiven Dehnübungen beschäftigt. Die müssen heute etliche, wohl sehr sportliche Kilometer bewältigt haben. Erstaunlicherweise tragen die meisten einen Stützverband am Knie. Ich, weniger sportlich und dennoch ohne schlechtes Gewissen und ohne Stützverband, nehme mein Duschzeug, Kleidung zum Wechseln und begebe mich in den großzügigen Duschraum.

Später zieht es mich hinaus in den großen Garten der Herberge. Da es inzwischen sehr kühl geworden ist, sind die Sonnenplätze leider alle belegt und ich setze mich in den Schatten auf eine Steinbank.

Auf dem großzügigen Gelände halten sich viele Pilger auf, sitzen alleine oder in Grüppchen, dösen vor sich hin oder unterhalten sich. Wie ich an der Sprache zu erkennen glaube, handelt es sich meist um Spanier und Italiener, ich bin anscheinend die einzige deutschsprachige Bewohnerin in dieser Herberge.

Trotz des allgemeinen Treibens wirkt die Atmosphäre entspannt, kein hektisches Gerenne, keine Ungeduld. Am Wäscheplatz herrscht geschäftiges Gruppen-Wäsche-waschen, einige Italienerinnen, die sehr energisch ihre Wäsche bearbeiten, tauschen sich lautstark aus. Ob sie sich darüber beraten, welche die beste Methode ist, miefige Pilgersocken duftend rein zu waschen?

Vor mir sitzt eine Pilgerin auf einem Mäuerchen und widmet sich hingebungsvoll ihren arg malträtierten Füßen. Neben ihr im Gras liegen diverse Utensilien ausgebreitet: Pflaster, Desinfektionsmittel, Kompressen, Nähnadeln, Zwirn. Offensichtlich wendet sie die ‚ich-ziehe-einen-Faden-durch-die-Blase-Methode‘ an. Beide Füße sind übersät von

Zwirnsfäden, die sie mit einer desinfizierten Nähnadel durch die Blasen gezogen hat, damit die Flüssigkeit entlang des Fadens abläuft, die Blase austrocknet und so schneller abheilt. Das hört sich zwar nicht sehr appetitlich an, ist aber eine von vielen Methoden, die in Pilgerkreisen empfohlen wird. Ich bin sehr froh und dankbar, dass ich bisher von Blasen verschont geblieben bin und keinen der Tipps ausprobieren musste.

Hinter mir ist ein Pärchen damit beschäftigt den gesamten Inhalt ihrer Fahrrad Packtaschen auf der Wiese auszubreiten. Ein Stück nach dem anderen packen sie wieder ein, packen um, probieren aus und diskutieren dabei sehr intensiv. Entweder suchen sie etwas oder sie haben noch nicht ihre ideale Packmethode herausgefunden.

Ich wende mich nun doch endlich meinem Notizbuch zu, um die Ereignisse meiner heutigen Tagesetappe festzuhalten. Nachdem ich dem Tag nochmals nachgespürt und die Begebenheiten in kurze Worte gefasst habe, schließe ich mein Büchlein und spüre, wie mich die sehr kühle Luft ziemlich frösteln lässt. Obwohl ich bereits meinen Vliespulli und meine Jacke übergezogen habe, sind meine Füße und Hände eiskalt. Also packe ich meine Sachen zusammen und spaziere in das einzige Restaurant in dem kleinen Ort.

Der nicht sehr große Gastraum ist schon ziemlich voll und ich setze mich zu einer Frau an einen der gemütlich rustikalen Holztische. Schnell kommen wir ins Gespräch und ich erfahre, dass sie Kanadierin ist, einen sehr knapp bemessenen Urlaub hat und, da sie unbedingt Santiago erreichen möchte, bisher Tagesetappen von mindestens 40 km absolviert hat. Nun hat sie noch sechs Tage Zeit um die etwa 190 km bis Santiago zu bewältigen.

Beim Hauptgericht, mal wieder Hühnchen und Pommes, fragt sie mich, wann denn das legendäre Cruz de Ferro käme. Sie habe schon so viel davon gehört und eigentlich müsste sie es doch bald erreichen.

Pause in Villafranca

Pilgerin bei der Fußpflege im Garten der Herberge in Pereje

Sie ist regelrecht erschüttert, als ich ihr sage, dass sie das Kreuz bereits passiert hat und, anscheinend ohne es bemerkt zu haben, daran vorbei gelaufen ist. Sichtlich betroffen beschließt sie sich ab jetzt mehr Zeit zu lassen und in Kauf zu nehmen Santiago vielleicht doch nicht zu erreichen.

Sie tut mir aufrichtig leid und ich bin froh, dass es mir bisher immer gelungen ist Umgebung und Natur wahrzunehmen und zu genießen.

Pereje – La Faba (20 km)

Auch in dieser Nacht schlafe ich nicht wirklich gut. Es fällt mir einfach schwer, mich Nacht für Nacht aufs Neue an ein fremdes Bett zu gewöhnen und die Geräusche der Mitpilger sind noch immer ungewohnt, obwohl ich bisher noch keinen wirklich schlimmen Schnarcher erdulden musste.

Wie nicht anders erwartet beginnt der Tag bereits wieder sehr früh. Es ist noch stockdunkel als die Gruppe der jungen Spanier zum Aufbruch rüstet.

Mir fällt auf, dass besonders die jüngeren Pilger es oft sehr eilig haben und erstaunlich schnell durch die Gegend rennen. Gibt es vielleicht einen Wettbewerb von dem ich nichts weiß? Schnellster Pilger auf dem Jakobsweg?

Plötzlich wird es an einem der vorderen Betten sehr unruhig. Ein Klatschen, empörtes Gemurmel und ich bilde mir ein so etwas wie – *chinche* - zu verstehen. Wanzenalarm!

Als ich später an dem Bett vorbei ins Badezimmer gehe, sehe ich, dass es sich bei dem erschlagenen Krabbeltier, welches demonstrativ auf dem Bettlaken aufgebahrt wurde, um einen harmlosen Käfer handelt. Da hatte glücklicherweise jemand unnötig für Panik gesorgt.

Nun ist an Schlaf natürlich erst Recht nicht mehr zu denken. Also packe auch ich meine Sachen zusammen, kämpfe mit dem Schlafsack und verlasse in der Morgendämmerung, als Letzte, die Pilgerherberge. Bis ich mich draußen orientiert habe, ist von den anderen Pilgern bereits niemand mehr zu sehen.

Da ich zuerst einige Kilometer entlang der Nationalstraße zu laufen habe, was vermutlich sowieso nicht sehr prickelnd sein wird, passt mir heute gar nicht so schlecht, dass es noch sehr früh und noch nicht richtig hell ist. Allerdings ist es so kalt, dass ich meinen Atem sehen kann und die Kälte unangenehm durch meine dünnen, sommerlichen Trekking-Hosen kriecht.

Dunkel heben sich die felsigen Berge vom langsam heller werdenden Himmel ab. Allmählich taucht die aufgehende Sonne alles in ein gelboranges Licht und obwohl der Weg entlang der Straße ziemlich langweilig ist, genieße ich es in den Morgen hinein zu laufen und die Natur beim Wachwerden zu beobachten.

Wieder einmal philosophiere ich vor mich hin. So wie der Weg entlang dieser Straße ist auch das Leben nicht immer nur interessant, aufregend, spannend, es beinhaltet auch eintönige und weniger abwechslungsreiche Wegstrecken.

Ich lasse meinen Gedanken freien Lauf, marschiere in Anbetracht der sehr kühlen Temperaturen stramm vor mich hin und habe schon bald Trabadelo erreicht.

Der Ort wirkt noch sehr verschlafen, aber glücklicherweise entdecke ich kurz nach dem Ortseingang eine geöffnete Bar. Der Gedanke an einen heißen *café con leche* und ein Frühstück lässt mich innerlich jubeln. Voller Vorfreude betrete ich einen ziemlich abenteuerlich anmutenden Raum, möbliert mit einer Theke, zwei kleinen Tischen, einigen Stühle und einem Billardtisch.

Billard, so mutmaße ich, wurde an diesem Tisch schon länger nicht gespielt. In wildem Durcheinander sind hier Waren ausgebreitet, die ein Pilger auf seinem Weg mehr oder weniger dringend benötigt: Regencapes, Zahnpasta, Isomatten, Trinkflaschen, Wanderkarten, Funktions-Shirts, Waschmittel und - was mich besonders nachdenklich stimmt - ein Bügeleisen. Eine interessante Vorstellung, dass ein Pilger ein Bügeleisen im Rucksack mit sich schleppt.

Da sich außer mir niemand in dem Raum befindet, habe ich ausreichend Zeit mich staunend umzuschauen.

Leider sieht die Auslage in der Theke ebenfalls nach Wühltisch aus: *Empanadas* mit undefinierbarer Füllung, ein Stück angetrockneter Käse, eine angeschnittene Tarte de Santiago, ein großes Stück roher Schinken und einige Frikadellen liegen in friedlicher Eintracht nebeneinander.

Während ich überlege doch lieber auf meinen sehr ersehnten Kaffee zu verzichten, öffnet sich eine Tür mit dem, in verschnörkelter Schrift aufgemaltem, Hinweisschild ‚WC' und ein junger Spanier erscheint auf der Bildfläche. Gekleidet in karierten Bermuda Shorts und zipfeligem, weißem T-Shirt, die Haare sind arg verwuschelt, in einer Hand ein Handtuch, in der anderen eine Zahnbürste und im Mundwinkel sind noch Reste von Zahnpasta zu erkennen.

Es ist ihm sichtlich unangenehm, als er mich sieht. Der junge Mann entschuldigt sich, verschwindet hinter einer Tür um kurze Zeit später ohne Zahnbürste und Handtuch und mit frisch gestriegelten Haaren wieder aufzutauchen.

Die Situation ist so skurril, dass ich mich eigentlich nur amüsieren kann und mutig einen *café con leche* und *tostadas* bestelle. Immerhin bemüht sich der junge Mann sehr, mir ein wunderbares Frühstück zu zaubern und wischt noch einmal sorgfältig, mit einem augenscheinlich nicht frisch gewaschenen Geschirrtuch, Teller und Tasse ab.

Inzwischen haben weitere Pilger den Raum betreten. Trotz der noch immer sehr frischen Morgenluft ziehe ich es vor mein Frühstück draußen einzunehmen und setze mich an einen Tisch vor dem Lokal. Der *café* ist zwar der bisher schlechteste auf dem Camino, doch ist er heiß und wärmt immerhin ein wenig. Hungrig verzehre ich mein Frühstück, bestehend aus getoasteten Weißbrotscheiben, in Portionsschälchen abgepackter Margarine und Marmelade.

Ich ziehe mich so weit es geht in meine Jacke hinein und bemühe mich meine eiskalten Finger ebenso wenig zu beachten, wie das leichte Kratzen, welches ich im Hals verspüre. Auch, dass ich ständig meine Nase putzen muss, versuche ich zu ignorieren und beobachte stattdessen die Pilger, die in immer größer werdender Zahl an mir vorbeiziehen. Erneut fällt mir auf, dass seit Ponferrada die Zahl der Pilger deutlich zugenommen hat und hier auch viele Radpilger unterwegs sind. Bald schließe ich mich dem Pilgerstrom an, gestärkt und gespannt auf neue, interessante Begebenheiten.

Ich passiere eine Gruppe Pilger, die aus ihrem Hotel heraus geschlendert kommen und nun ihr Gepäck zum Weitertransport in einen Bus verlädt, unterquere die Autobahn und laufe auf ein imposantes Viadukt zu, das sich in enormer Höhe und Länge über das Tal spannt. Fasziniert von der Architektur dieser Brücke geht mein Blick immer wieder hinauf, während ich zu meinen Füßen Slalom um die Kuhfladen machen muss, die die Straße dekorieren.

Direkt unter der Brücke beginnt ein Dorf mit kleinen Bauernhöfen, Ställen und Scheunen, einfachen Häusern, und bunt angelegten Gärten. Eine Bäuerin, in Kittelschürze und mit geblümtem Kopftuch, treibt eine kleine Herde Kühe über die Durchgangsstraße.

Beschauliches Landleben unter architektonisch aufwändiger Autobahnbrücke

Beschauliches Landleben in einem einfachen Kuhdorf und eine architektonisch beeindruckende Autobahnbrücke, die sich über das Tal spannt. Größer könnten die Gegensätze nicht sein.

Schließlich erreiche ich Vega de Valcarce mit der, laut Reiseführer, letzten guten Einkaufsmöglichkeit für die nächsten dreißig Kilometer. Vermutlich wird in vielen Reiseführern auf diese - vorerst letzte Einkaufsmöglichkeit - hingewiesen, in dem hübschen Ort wimmelt es nämlich von Rad- und Fußpilgern. Es erinnert mich ein wenig an die Situation vor irgendwelchen Feiertagen, wo alle der Meinung sind nun für lange, lange Zeit nichts mehr einkaufen zu können. Aber auch ich stürze mich in den Einkaufswahn und kaufe in einem überschaubaren Supermarkt Brot, Käse, Bananen und, wie sich später herausstellt, enorm süßen, klebrigen Saft.

Vor einer schicken Bar entdecke ich einen Tisch in der Sonne und entscheide mich für einen weiteren *café con leche*. Fast alle Tische sind besetzt und während ich den köstlichen Milchkaffee genieße, beobachte ich mit Einkaufstüten bepackte Hausfrauen, die sich eine Entspannungspause gönnen, junge Mütter mit Kleinkindern in Kinderwagen, die sich hier zum Plausch zusammengefunden haben und Jugendliche mit Schultaschen, die kichernd und plappernd Erfrischungsgetränke schlürfen. Die Pilger mit ihren schweren Rucksäcken, in Wanderkleidung und klobigen Schuhen gehören ins Alltagsbild und fallen nicht besonders auf.

Ich lasse die Pilgerschar an mir vorbeieilen und überlege, ob nun der Run auf die Herbergen beginnt und ich mich vielleicht besser sputen sollte. Schließlich wird in vielen Reiseführern und Pilgerforen darauf hingewiesen, dass der Camino Francés, besonders im letzten Teil, stark frequentiert und die Pilgerherbergen oft überlaufen seien. Ich entscheide mich trotzdem die Sache weiterhin entspannt anzugehen, packe gemütlich meine Sachen zusammen und bereite mich mental auf den steilen Anstieg vor, der heute vor mir liegt.

Endlich wird die Landschaft wieder ansprechender. Noch verläuft der Weg auf einer kleinen Landstraße, die durch das Tal des Rio Valcarce führt, jedoch wird es immer grüner und dichte Laubbäume säumen die Straße. Stetig geht es leicht bergauf und der Blick hinunter ins Tal auf saftige Wiesen, glitzernde Bächlein, knorrige Obstbäume und üppige Gemüsegärten lässt mich immer wieder stehen bleiben.

Eine alte Frau steigt mühsam den steilen, beschwerlichen Weg aus einem der Gärten herauf, sieht mich, lächelt und hält mir mit ihrer runzligen Hand einen kleinen, grünen Apfel entgegen. Ich nehme das noch unreife Obst entgegen und bedanke mich gerührt. Die alte Frau tätschelt meine Hände und murmelt mir ein paar spanische Worte zu. Immerhin erkenne ich so viel, dass ich ihren Worten die Bitte in Santiago für sie zu beten entnehmen kann. Sie segnet mich, entbietet mir einen *buen camino* und schlurft weiter die Straße entlang.

Berührt von dieser Begegnung setze ich meinen Weg fort und empfinde einen tiefen Frieden.

Immer weiter geht es die Straße hinauf, an sommergrünen Laubbäumen vorbei und durch einen kleinen Weiler mit vereinzelt stehenden Häusern. Ich habe schon seit längerer Zeit kein Wegzeichen mehr gesehen, werde allmählich unruhig und befürchte eine Abzweigung übersehen zu haben. Ich frage einen alten Mann, der sich auf einer morschen Holzbank ausruht, nach dem Camino, er zeigt die Straße entlang und deutet, immer geradeaus. Etwas unsicher und zweifelnd gehe ich weiter, habe aber nach wie vor die Befürchtung, die lange, anstrengende Strecke die Asphaltstraße hinauf, umsonst auf mich genommen zu haben.

Endlich entdecke ich den Abzweig und folge der Jakobsmuschel von der Straße hinab ins Tal, passiere eine Brücke, die über kleinen Bach führt und gelange in ein idyllisches Bauerndörfchen. Alte, einfach gekleidete Männer und Frauen, mit freundlich blitzenden Augen und runzliger, vom Wetter gegerbter Haut, stehen beisammen und schwatzen oder sitzen auf selbst gezimmerten Holzbänken vor ihren Häusern und dösen vor sich hin.

Blühende Stockrosen schmücken die morschen, alten Jägerzäune und die sanfte, hügelige Landschaft erinnert mich an meine Heimat, den Odenwald.

Auch hier deuten einige zerfallene Häuser darauf hin, dass die Menschen aus diesen ländlichen Gegenden abwandern und eher die Nähe der Großstädte suchen. Teilweise sind nur noch Bruchsteinmauern vorhanden, mit Moos bewachsen und von Hecken und Sträuchern überwuchert, werden sie der Natur zurückgegeben. Unter dem Türstock eines halbverfallenen Natursteinhauses steht eine alte, verrostete Waschmaschine, mit Steinen dekoriert und liebevoll mit roten Verbenen bepflanzt. Wer könnte daran zweifeln, dass diese Waschmaschine keine Daseinsberechtigung mehr hat?

Ich spaziere weiter, vorbei an eifrig pickenden Hühnern und behäbig widerkäuenden Kühen, die mir interessiert hinterher blinzeln, lächle vor mich hin und bin einfach nur zufrieden.

Vor mir taucht eine größere Gruppe Fußgänger auf, die mit leichtem Gepäck unterwegs ist. Die Gruppe ist aus Männern und Frauen im Alter von Mitte vierzig bis Mitte siebzig bunt zusammen gewürfelt. Einige traben leichtfüßig vorne weg und andere, denen das Laufen offensichtlich nicht ganz leicht fällt, schlendern hinterher. Das Ganze sieht eher nach einem Spaziergang am Samstagnachmittag aus. Beim Überholen, höre ich, dass sie sich auf Deutsch miteinander unterhalten, grüße freundlich und gebe mich als Deutsche zu erkennen. Es handelt sich um eine Reisegruppe aus Bayern, die mit dem Bus entlang des Camino Francés bis Santiago unterwegs ist und an verschiedenen Stationen kleinere oder größere Wanderungen unternimmt. Heute wollen sie bis zum O Cebreiro hinauf, das sind immerhin noch mindestens drei Stunden stetig bergauf bis zu einer Höhe von 1300 m. Innerlich revidiere ich meinen ursprünglich eher spöttischen Eindruck über die vermeintlichen Spaziergänger und zolle ihnen Respekt. Ich habe mich doch wieder

einmal verleiten lassen und meine Mitmenschen in eine Schublade ge-
steckt. Die Wanderer sind wahnsinnig freundlich und sehr beeindruckt
einer echten Pilgerin zu begegnen. Ein Weilchen laufen wir gemeinsam, bis ich meinen Schritt anziehe und den Weg, von vielen guten
Wünschen begleitet, wieder alleine voranschreite.

Immer steiler bergauf schlängelt sich der Pfad durch dichten Laubwald
und wird zum, von knorrigen Esskastanienbäumen gesäumten, Hohlweg. Auf dem steinigen, mühsamen, aber wunderschönen Weg schleppe ich mich und meinen Rucksack immer weiter hinauf und hoffe nach
jeder Kehre aufs Neue, oben angelangt zu sein. Zwischendurch gönne
ich mir kurze Verschnaufpausen, wische mir den Schweiß von der Stirn
und genieße den mit Farnen und Moos bewachsenen Märchenwald.
Endlich lichtet sich der Wald ein wenig und die ersten Häuschen von
La Faba sind zu sehen.

Ich möchte mir natürlich unbedingt das oft beschriebene, von der deutschen Gesellschaft Ultreya geführte Refugium im ehemaligen Pfarrhaus
ansehen und nehme den schmalen Wiesenpfad, der zur Kapelle Iglesia
de San Andrés und zu der Herberge weist.

Zuerst werde ich von einer freundlich und erwartungsvoll blickenden
Pilgerstatue empfangen, danach von den beiden jungen, schüchternen,
deutschen Pilgerinnen, die ich in Rabanal getroffen hatte. Die beiden
strahlen mir freudig entgegen, ich grüße herzlich zurück, marschiere
aber schnurstracks auf eine große Wiese hinter dem Anwesen zu und
lasse mich unter schattigen Bäumen im Gras zum Picknick nieder.

Mit großem Appetit verspeise ich Brot und Käse, genieße den großartigen Rundblick auf die grünen Hügel und lausche dem emsigen Summen und Brummen in der Wiese. So ist die Welt in Ordnung!

Eigentlich hatte ich vor heute noch weiter zu laufen aber das Ambiente
ist so schön, dass ich beschließe zu bleiben. Außerdem berichtet mir
mein Unterkunftsverzeichnis, sei es eine Schande dieses Haus auszulas-
sen. Also gehe ich wieder zurück in den Innenhof und setze mich zu

den anderen wartenden Pilgern auf eine der Bänke in den Schatten. Von den beiden Mädels erfahre ich, dass die Herberge heute ein wenig später als üblich öffnet, da die *hospitalera* mit ihrem Enkel, der heute Geburtstag hat, zum Essen gegangen ist.

Die Wartezeit wird nicht lang. Wir sitzen gemütlich und entspannt in der Sonne und ich begegne hier vielen netten Menschen, die ich auf meinem weiteren Weg nach Santiago noch öfter treffen werde:

Catherine, eine siebzigjährige, attraktive, sehr sportlich wirkende Pariserin wie aus dem Bilderbuch. Sprühend und weltgewannt betreibt sie mit uns Konversation auf Deutsch, mit sehr charmantem französischen Akzent und unterhält uns mit kleinen Anekdoten.

John, von der australischen Insel Tasmanien, schlank, drahtig, braun gebrannt, mit langem grauem Bart und verschmitztem Blick, ebenfalls um die siebzig, macht den Eindruck eines Abenteurers, der schon viel in der Welt umher gekommen ist.

Seine Tochter Helen, eine intelligente junge Frau von Ende zwanzig, mit langen, blonden Haaren und beeindruckend schönen Beinen in kurzen Hosen.

Die beiden geben ein auffälliges und sehr hübsches Paar ab und allein die Vorstellung, dass sich jemand aus dem fernen Tasmanien auf den Camino begibt, empfinde ich bereits als überaus spannend.

Schließlich Peter aus dem Westerwald, etwa Ende dreißig, der mit seinen nicht ganz schlanken Hüften und einem dunklem Vollbart ein wenig wie ein gemütlicher Bär wirkt, den so leicht nichts aus der Ruhe bringen kann.

Offensichtlich kannte sich das Grüppchen bereits vorher und ist in La Faba wieder aufeinander getroffen. Angeregt tauschen die Pilger ihre Erlebnisse aus, die Freude über das Wiedersehen steht ihnen dabei ins Gesicht geschrieben.

Auch ich werde im Laufe meines Weges noch erleben, wie gut es sich anfühlt, immer wieder auf bekannte Weggefährten zu treffen.

Nach und nach treffen weitere Pilger ein und eine bunt zusammengewürfelte Schar wartet geduldig auf die Öffnung des Refugiums. Am späteren Nachmittag schließlich trifft die deutsche *hospitalera* Christa ein, begleitet von ihrem Enkel Fabian, der in La Faba ein Volontariat absolviert.

Die beiden verbreiten sofort eine ausgesprochen gastfreundliche Stimmung und heißen uns Pilger herzlich willkommen. Nachdem sie zuerst einen Servierwagen mit Saft, Wasser und Gläsern für uns bereitgestellt haben, bauen sie vor dem Eingang einen kleinen Tisch auf, legen Pilgerstempel und das Buch bereit, in welchem die Pilger registriert werden und beginnen mit dem Aufnahmeritual. Die inzwischen etwa zwanzig Wanderer stellen sich völlig selbstverständlich in etwa der Reihenfolge ihres Eintreffens an und werden einer nach dem anderen von Fabian aufgenommen. Während er die Daten in das Buch einträgt und den Pilgerpass mit Stempel versieht, plaudert er mit jedem Pilger unbefangen auf Deutsch, Spanisch oder Englisch und bietet jedem, anlässlich seines Geburtstages, einen Muffin an. Christa teilt jedem Pilger einzeln ein Bett zu und drückt ihm ein Spannbettlaken aus dunkelblauer Baumwolle in die Hand.

Der Schlafsaal ist geräumig und sieht sauber und einladend aus. Die Betten sind durch halbhohe Wände ein wenig abgeteilt, was dem Raum eine gewisse Gemütlichkeit verleiht. Ich bekomme ein unteres Bett, mir gegenüber bezieht ein junges italienisches Paar Quartier und während er nach oben klettert, hat sie es sich bereits unten bequem gemacht und lächelt zu mir herüber.

Ich breite meinen Schlafsack aus, hole Waschzeug und Kleidung zum Wechseln aus meinem Rucksack und stelle mich zum Duschen an. Da es leider für Männlein und Weiblein jeweils nur eine Dusche, eine Toilette und ein Waschbecken zum Hände waschen, Zähne putzen und Wäsche waschen gibt, staut es sich ein wenig. Man arrangiert sich jedoch und es herrscht eine freundliche und sehr angenehme Atmosphäre.

Später hänge ich meine frisch gewaschene Wäsche auf die Leine im Hof und suche mir, damit meine nassen Haare schneller trocknen, ein Plätzchen in der Sonne.

Gerade schlage ich mein Tagebuch auf, als es zu unruhigem Aktionismus kommt. Wanzenalarm! Christa, als erfahrene *hospitalera* hat die roten Stiche auf Peters Armen als Wanzenbisse erkannt. Daraufhin müssen auch John und Helen feststellen, dass die juckenden, roten Stellen auf ihren Armen doch keine Mückenstiche sind.

Jeder Pilger hofft, dass er von diesen unangenehmen Plagegeistern, die einem unterwegs auf dem Camino leider begegnen können, verschont bleibt. Ursache war dieses Mal wohl das etwas schmuddelige Refugium, in dem sowohl Peter als auch John und Helen die letzte Nacht geschlafen hatten.

Peter beim Inspizieren seines Gepäcks

Gelassen sammelt Christa die gesamte Wäsche der armen Geplagten ein und steckt sie, samt den Schlafsäcken, in die Waschmaschine. Anschließend wird alles bei hoher Temperatur im Trockner getrocknet. Mit mütterlicher Fürsorge beruhigt sie die drei Pilger und verpasst ihnen frische Kleidung aus dem Fundus der Herberge.

Jedes einzelne Teil müssen die drei aus ihren Rucksäcken auspacken und nach Wanzen untersuchen. Dann wird alles in große Plastiktüten gepackt und mit einem stechend riechenden Insektizid eingesprüht. Die Tüten werden fest oben zugebunden und für einige Stunden an die Seite gestellt. Wir anderen sind erleichtert, selbst nicht betroffen zu sein und bedauern die Pilger, die einen ziemlich betrübten Eindruck machen, aber auch einigen Spott über sich ergehen lassen müssen.

Allmählich legt sich die Aufregung wieder und ich beschließe, mich auf die Suche nach etwas Essbarem zu machen. Ich spaziere durch das kleine, beschauliche Straßendorf La Faba, bis ich kurz vor Ortsausgang auf das einzige Restaurant im Ort treffe. Auf der Treppe vor dem Restaurant hat sich eine ganze Gruppe junger Pilger niedergelassen, die Stimmung ist feuchtfröhlich, woran einige die Runde machenden Rotweinflaschen vermutlich nicht ganz unschuldig sind. Die wenigen Sitzplätze draußen sind ebenfalls von den ausgelassenen jungen Leuten belagert, so dass ich mich in das Innere des Restaurants zurückziehe. Draußen ist es inzwischen sehr kühl geworden und ich fröstele und schniefe ein wenig.

Das Lokal ist gut besucht und da ich im Moment keine Lust auf Gespräche habe, setze ich mich alleine an einen Tisch und beobachte, während ich auf mein Pilgermenü warte, die Menschen um mich herum. Etwas später erscheinen auch Peter und John mit Helen, die alle in dem geliehenen Outfit ein wenig abenteuerlich aussehen. Nichts passt so richtig, die T-Shirts sind alle ziemlich verwaschen und der lässige Schlabberlook von Helen will nicht so recht zu ihr passen. Immer wieder kratzen sie hingebungsvoll die juckenden, roten Beulen an ihren

Armen, zu denen sich die Wanzenbisse inzwischen entwickelt haben. Beim Hinsehen kribbelt es mich am ganzen Körper und ich hoffe, dass ich weiterhin verschont bleibe. Man muss nicht unbedingt alle Erfahrungen machen, die der Jakobsweg zu bieten hat.

Gemütlich schlendere ich zurück zur Herberge und komme gerade rechtzeitig zur Andacht in der kleinen Kapelle. Nur etwa acht Pilger haben sich in dem schlichten Kirchlein versammelt. Die *hospitalera* Christa entzündet eine dicke Kerze und bittet uns nach vorne, wo wir uns im Kreis um den Altar aufstellen. Aus einem tragbaren CD Player ertönt leise, meditative Musik und eine friedliche und ganz besondere Stimmung breitet sich aus. Christa und Fabian sprechen abwechselnd kurze Gebete und laden dann uns Pilger ein, unsere eigenen Wünsche und Gedanken vorzubringen. Christa reicht die dicke leise flackernde Altarkerze an den italienischen Vater, der neben ihr steht und mit seinem etwa zehnjährigen Sohn auf dem Camino unterwegs ist.

Der zurückhaltende, fast schüchterne Mann mittleren Alters und sein ruhiger, scheuer, leicht hinkender Sohn sind mir schon öfter aufgefallen. Die beiden kommen nur langsam voran und der Weg scheint für den Jungen oft recht beschwerlich. Der warmherzige Vater wirkt ständig besorgt und ist immer von einer gewissen Traurigkeit umgeben. Welches Schicksal die beiden wohl mit sich tragen?

Der sympathische Mann nimmt ehrfürchtig die Kerze entgegen und spricht innig einige italienische Worte, die mich sehr berühren, obwohl ich sie nicht verstehe.

Die Kerze wird von Pilger zu Pilger weitergegeben und jeder richtet einige Worte an jemanden, dessen Anwesenheit man in diesem Augenblick fast spürt. Es ist ein erhebender und verbindender Moment und wir fühlen uns einander sehr nah. Gemeinsam sprechen wir noch das ‚Vater Unser' und treten, erfüllt von dieser schönen Stimmung, wieder hinaus in die Sonne.

Im inzwischen ziemlich belebten Innenhof lasse ich mich auf einer

Bank nieder und komme mit einem deutschen Paar ins Gespräch, welches ebenfalls an der Andacht teilgenommen hatte. Rainer, ein blonder, an die zwei Meter großer Hüne und Jutta, ebenfalls recht groß gewachsen, deren hessischer Akzent mir auffällt. Wie sich herausstellt wohnen die beiden zwar in München, kommen jedoch ursprünglich aus Hessen. Jutta stammt aus dem Ostertal, das etwa 30 km von meinem Wohnort entfernt ist, hat Chemielaborantin gelernt, so wie ich bei der Firma Merck in Darmstadt. Selbstverständlich haben wir jede Menge Gesprächsstoff und schwätzen so lange bis es dämmert und sich das Paar in den Schlafraum zurückzieht.

Es ist kalt und auch mich treibt es ins Haus, vielleicht gibt es in der gemütlichen Wohnküche noch Gelegenheit zum Plausch mit anderen Pilgern. Der Raum ist jedoch leer, die müden Wanderer haben sich bereits alle in ihre Betten verkrümelt.

Schade, ich hatte mir ein wenig mehr familiäre Atmosphäre gewünscht und so bleibt mir nichts anderes übrig, als mich ebenfalls in meinen Schlafsack zu kuscheln. Bald hört man überall nur noch gleichmäßige Atemzüge und den einen oder anderen leisen Schnarcher. Meine Erkältung meldet sich und ich drapiere eine dicke Packung Papiertaschentücher neben meinem Bett, die ich im Laufe der Nacht auch aufbrauche.

La Faba – Triacastela (26 km)

Unbeschreiblich schön! Der Aufstieg nach O Cebreiro ist traumhaft. Ich bin fast alleine, genieße die Stille und die wunderschöne Natur. Die Morgenstimmung, das Licht des erwachenden Tages, der Blick über die fast unwirklich scheinende Berglandschaft, es ist einfach unbeschreiblich.

Nach einem sehr einfachen Frühstück mit löslichem Kaffee und Müsliriegel, bin ich wieder so ziemlich die Letzte, die die Herberge verlässt. Während meines anscheinend nicht enden wollenden Kampfes mit dem Schlafsack ist Christa bereits damit beschäftigt, sorgfältig die Matratzen der Pilger abzusaugen. Eine Maßnahme, die mich etwas beruhigt, man nimmt es also durchaus genau mit der Sauberkeit. Zumindest in diesem Refugium.

In aller Ruhe packe ich mein Hab und Gut, trete hinaus in den dämmernden Morgen und durchquere das schlafende La Faba.

Der Weg verläuft stetig bergauf, die schmale asphaltierte Straße mündet in einen steinigen Hohlweg, der bald durch einen Mischwald führt. Als sich der Wald lichtet und den Blick auf die umliegenden Berge freigibt, halte ich inne und genieße die Weite und die Schönheit der Natur. Wieder einmal habe ich Glück. Der Nebel, der in dieser Höhe oft den Blick in die Landschaft verwehrt, hat sich bereits aufgelöst und bildet viele weiße Wolkenfetzen am blauen Himmel. Friedlich und still ist es hier oben, alle Sorgen und Probleme sind ganz weit weg.

Mein Atem bildet weißen Hauch und meine Wangen sind rot von der noch sehr kühlen Luft und der Anstrengung des steilen Weges, den ich jedoch als kaum beschwerlich empfinde.

Das Gewicht meines Rucksackes spüre ich fast nicht mehr, meine Kondition hat erheblich zugenommen und so komme ich sehr gut voran und schon bald begrüßt mich, stolz und unübersehbar, der Grenzstein Galiciens. Viele, mehr oder weniger kreative, Pilger haben sich mit Wünschen, Sprüchen oder einfach einer Unterschrift auf dem Stein verewigt.

Eine Gruppe Mountainbiker erwartet mich schon und möchte unbedingt von mir fotografiert werden. Stolz, mit dem ich-hab-es-bis-hierhergeschafft-Blick, formieren sie sich um den Grenzstein und grinsen in die Kamera. Nun darf auch ich neben dem Grenzstein posieren und versuche einen lässigen nichts-ist-gestellt-Blick, der allerdings völlig misslingt.

Gitta mit Grenzstein
(von links nach rechts)

Nach der Fotosession setzen wir alle unseren Weg fort und bald darauf erreiche ich das Museumsdorf O Cebreiro.

Von 1300 m Höhe schaue ich in die Weite und hinunter auf Hügel und Täler. Über den Tälern liegen dichte Nebelschleier, so, als wären sie mit Watte zugedeckt. Ein unglaublicher Anblick und bevor ich den Ort betrete muss ich mich zuerst eine Weile diesem Anblick hingeben.

Das Dorf besteht aus wenigen Häusern und einigen, für diese Region typischen, *pallozas*. Diese gedrungenen, ovalen Steinhäuser keltischen Ursprungs, erinnern mich mit ihren tief heruntergezogenen Strohdächern an Gnome, die sich keck in die Landschaft ducken.

Erhaben dagegen wirkt Santa Maria la Real, die älteste Kirche am Camino Francés. Ehrfürchtig betrete ich das mächtige Steingebäude, gregorianische Gesänge erfüllen den Raum und ich fühle mich ganz feierlich. Wie viele Pilger mögen diese Kirche in den Jahrhunderten ihres Bestehens bereits betreten haben. Unzählige davon waren nicht wie wir heute mit wind- und wetterfester Trekking Kleidung, komfortablen Wanderschuhen und luxuriösem 38 Liter Rucksack ausgestattet, sondern in grobes, einfaches Tuch gekleidet, vielleicht barfuß, die wenigen Habseligkeiten in einem Stoffbeutel verpackt, vermutlich hungrig, erschöpft und schmutzig, aber mutig und hoffnungsvoll.

Jäh werde ich aus meinen Phantasien zurückgeholt. Einige Mönche beginnen Stühle aus dem Altarraum hinauszutragen und bemühen sich erfolglos leise zu sein, um meine Andacht nicht zu stören. Ich zeige mich behilflich indem ich die Tür aufhalte, was mir mit einem sehr breiten und freundlichen Grinsen und der Aussicht auf einen Stempel in meinem Pilgerpass gedankt wird. Dieses nette Angebot kann ich selbstverständlich nicht ausschlagen und komme so zu einem schönen, doch sehr große Stempel, der mindestens drei Felder in meinem Pass ausfüllt und für ewig beweist, dass auch ich in O Cebreiro war.

Ich trete wieder hinaus in die Welt und bummle, tief beeindruckt von diesem geschichtsträchtigen Ort, durch die kopfsteingepflasterten Gassen. Es ist früh am Morgen, die Luft ist feucht und frisch und immer noch sehr kühl.

Die Restaurants sind noch geschlossen und die Besitzer der Souvenirläden haben begonnen draußen vor der Tür ihre Angebote aufzubauen, um später die Käufer ins Geschäft zu locken. Es werden wohl jede

Menge Tagestouristen erwartet, unschwer zu erkennen am großen Busparkplatz vor dem Kloster. Noch ist er leer und ich genieße den Museumsort als Pilger und ohne Touristen.

Glücklicherweise entdecke ich eine geöffnete Bar, vor der etliche Rucksäcke an der Wand geparkt sind. Fröstelnd betrete ich den nicht sehr warmen Raum und als meine Augen sich an das Dunkel gewöhnt haben, erkenne ich, dass die Bar sehr gemütlich eingerichtet ist. Auf niedrigen Hockern sitzen etliche Pilger an kleinen, rustikalen Holztischen und es duftet wunderbar nach Kaffee. Ich bin sehr zufrieden mit meinem cremigen Milchkaffee und dicken Scheiben geröstetem Weißbrot mit Butter und Marmelade. Selbst das reichhaltigste Frühstücksbuffet könnte momentan nicht erfreulicher sein.

So gestärkt blinzele ich wieder hinaus in die Sonne, schultere meinen Rucksack und marschiere kraftvollen Schrittes aus dem Ort hinaus. Allmählich füllen sich die Gassen mit Touristen, Pilger sind kaum noch welche zu sehen, die meisten sind schon längst weitergezogen.

Kurz vor Ortsausgang steht die um diese Uhrzeit bereits verlassene Pilgerherberge mit sensationellem Blick ins Tal. Schade, hier wäre eine Übernachtung vielleicht auch ganz nett gewesen. Der Camino führt direkt über das Gelände der Alberge, vorbei am Trockenplatz und unter den Wäscheleinen hindurch, an denen ein einsamer BH im Wind flattert. Vergessen von einer Pilgerin, die sich nun mit weniger Unterwäsche behelfen muss. Dieses Stillleben muss ich dringend für die Nachwelt festhalten, zücke meine Kamera und wandere dann gemächlich weiter durch die landschaftlich sehr reizvolle Gegend.

Immer wieder führt der Weg steil bergab, um danach wieder mindestens genau so steil anzusteigen. Über einen Pfad neben einer kaum befahrenen Straße gelange ich zur Passhöhe San Roque, wo ich auf einen Leidensgenossen treffe. Ein überlebensgroßer bronzener Pilger stemmt sich gegen den Wind und drückt sehr gut aus, wie mühsam der Weg manchmal sein kann. Einige echte Pilger, solche aus Fleisch und Blut, trotzen der Anstrengung und gönnen sich eine Pause. Sie sitzen aufgereiht auf einer Steinmauer in der Sonne und lassen den Blick, vorbei am Denkmal, über die grünen, bewaldeten Hügel schweifen. Ich tue es ihnen gleich, wuchte meinen Rucksack ab und genieße die wärmenden Sonnenstrahlen.

Allmählich füllt sich der Platz und Gruppen jugendlicher Pilger zu Fuß oder mit dem Rad erscheinen mit großem Hallo und sorgen für Leben. Schließlich wird mir das Treiben zu viel. Ich gehe in gleichmäßigem Schritt weiter, den Blick immer wieder auf die weite, hügelige Landschaft gerichtet und erreiche, nach kurzem, aber sehr steilen, schweißtreibendem Aufstieg, den Alto do Poio. Der steile Hohlweg mündet direkt neben einer kleinen Bar, auf einem großen, gekiesten Parkplatz, auf dem wenige Autos mit spanischen Nummernschildern parken. Die Bar hat zwar den Charme einer Trucker Kneipe aber ich bin bereits seit etlichen Stunden unterwegs, habe Hunger und bin durstig. Es ist Sonntag, die Geschäfte sind geschlossen, demnach hatte ich keine Möglichkeit Proviant einzukaufen. Die Bar ist richtig voll. Überall stehen Menschen und die Tische fast alle besetzt. Vorwiegend von, anscheinend ortsansässigen Männern, die alle am Essen, Reden und Gestikulieren sind und zwar alles gleichzeitig. Da sage noch jemand Männer seien nicht multitaskingfähig.

Ich stelle mich in die Schlange an der Bar, hinter der eine junge Frau hin und her wirbelt, Getränke ausschenkt und Essenbestellungen in die Küche hinein ruft. Endlich bin ich an der Reihe, bestelle ein *bocadillo con queso*, also ein Käsebrötchen, und eine Flasche *agua*. Das *bocadillo* wird in der Küche in Auftrag gegeben, mein Wasser bekomme ich sofort. Es riecht lecker nach Essen und während ich geduldig auf mein belegtes Brötchen warte, wird mein Appetit immer größer. Schließlich staune ich nicht schlecht, als die junge Frau einen Teller vor mich stellt, beladen mit zwei sehr großen, mindestens 3 cm dicken Scheiben Graubrot mit harter Kruste und sicher vier Scheiben Käse dazwischen. Auf unnötiges Beiwerk wie Butter, Gurkenscheiben oder Petersiliendekoration wurde verzichtet. Wer braucht das schon! Ich balanciere meinen Teller und die Flasche Wasser nach draußen - glücklicherweise habe ich kein Glas bekommen, sonst hätte ich auch das noch tragen müssen - und finde einen sonnigen Platz an den sonst voll besetzten Tischen.

Schnürsenkel lockern, Schuhe aus, die müden Füße hochlegen und erst einmal in die Sonne räkeln. Das muss man sich einmal in einem Ausflugslokal im Odenwald vorstellen. Jeder würde diese abstruse Idee als absolut ungehörig empfinden, mich eingeschlossen. Hier ist es völlig normal und überall stehen die schweren Wanderschuhe zum Lüften unter den Stühlen.

Ich widme mich meinem belegten Brot, balanciere es geschickt in Richtung Mund und versuche abzubeißen, ohne dabei Maulsperre zu bekommen. Mmmmh! Das sicher köstlichste Graubrot mit Käse, das ich seit langer Zeit gegessen habe.

Liegt es an meiner Genügsamkeit, meinem Hunger, der vielen Bewegung an frischer Luft oder daran, dass sich die Sinneswahrnehmungen nach sechs Tagen Camino verändert haben? Der Alltag zu Hause ist in den Hintergrund gerückt, man lebt sehr viel mehr im Hier und Jetzt, die Sinne sind geschärft, das Sehen, Riechen, Hören und Schmecken wird viel bewusster wahrgenommen.

Egal! Vielleicht von Allem ein wenig, jedenfalls schmeckt es mir gut und sogar das sehr kalte, erfrischende, stille Wasser ist lecker.

Während ich esse, beobachte ich das Leben um mich herum. Einige Rennradfahrer legen hier eine Pause ein, zahlreiche Fuß- und Radpilger haben sich an den Tischen ausgebreitet und auch für die Jugend aus der Umgegend scheint dies hier Treffpunkt zu sein. Sie kommen auf knatternden Zweirädern angefahren, drehen vor den Augen der Pilger einige geschickte Runden über den Platz, stehen in Grüppchen lässig zusammen und tauschen die wichtigsten Neuigkeiten der Woche aus.

Auf der gegenüberliegenden Straßenseite steht ein großes, einfaches Hotel, davor ein großer Busparkplatz. Das Anwesen würde sich prima für Kaffeefahrten eignen.

Ich stelle mir vor, wie vor dem Lokal, das ziemlich im Nirgendwo liegt, Busse parken und ältere Herrschaften aussteigen. Die Frauen und Männer gehen zuerst einige Schritte auf dem Pfad neben der Straße, um sich die Füße zu vertreten und einen kurzen Blick in die Gegend zu werfen und betreten dann zu Kaffee, Kuchen und Rheumadecken das kühle Innere des etwas duster wirkenden Hauses.

Wahrscheinlich habe ich unrecht und es ist ein Top Haus mit gehobener Gastronomie, in welchem elegante Gäste tafeln, während ich an meinem Käsebrot nage.

Nachdem ich bis zum letzten Krümel aufgegessen habe, kämpfe ich gegen meine Trägheit und beende meine Pause, schließlich will ich heute noch irgendwann in Triacastela ankommen.

Für eine ganze Weile verläuft der Weg auf der Passhöhe mit schöner Aussicht über das galicische Bergland, bevor es allmählich bergab und weiter über einen sehr schönen Waldweg geht, vorbei an mächtigen, knorrigen Esskastanienbäumen. Ich wandere durch verschlafen wirkende Dörfchen und komme an vielen Bauernhöfen vorbei, die oft einen ziemlich heruntergekommenen Eindruck machen und ziemlich verlassen wirken. Zu meinem Erstaunen stehen jedoch Kühe in den oft dunklen, baufälligen Verschlägen. Frische Misthaufen duften in das sonntägliche Idyll und vereinzelt sind Bauern zu sehen, alte Männer und Frauen, denen man die jahrelange harte Arbeit ansieht.

In Ramil treffe ich mitten auf dem Weg auf die über 100 Jahre alte Kastanie, die sicher jeder vorbeikommende Pilger fotografiert und die in fast jedem Reiseführer abgebildet ist. Stolz trägt sie den gelben Pfeil, der dem Pilger den Jakobsweg weist auf ihrem mächtigen Stamm. Beeindruckt schaue ich hinauf in die Krone mit dem dunkelgrünen Laub und den Esskastanien in stacheliger Hülle. Ein schmächtiger alter Mann kommt aus einer Stalltür heraus und plaudert heftig gestikulierend auf mich ein. Leider verstehe ich kein Wort, aber mein bedauerndes Schulterzucken lässt ihn völlig unbeeindruckt. Ich hätte schon gerne gewusst was er mir erzählen möchte, muss aber leider unwissend weiterziehen und verabschiede mich nett mit einem freundlichen Lächeln.

Ich genieße den Weg sehr, bin aber allmählich müde und kaputt, die Beine tun weh und bis Triacastela zieht es sich ewig. Es ist bereits später Nachmittag, als ich endlich mein heutiges Übernachtungsziel erreiche und ich habe, in Anbetracht der vielen Pilger, die bereits überall in Freizeitoutfit zu sehen sind, Bedenken, einen Schlafplatz zu bekommen. Die ersten beiden Herbergen, die ich passiere, sind belegt und ich laufe weiter die Straße hinab. Im Vorbeigehen ruft mir ein netter spanischer Pilger zu, dass in einer *very nice Alberge, looks like a Hotel* noch Plätze frei seien und ich einfach die Straße noch ein Stück weiter gehen solle. Und tatsächlich, nach etwa hundert Metern entdecke ich an einem Gebäude, das ich nicht als Pilgerherberge erkannt hätte, den Hinweis *Alberge de Peregrino*. Noch immer ein wenig skeptisch betrete ich das Haus und schaue an der Rezeption vorbei in einen großzügigen Raum mit gemütlichen Sitzecken, Sofas und Sesseln, auf denen es sich etliche Pilger bequem gemacht haben. Zu meiner großen Erleichterung sind noch Betten frei und nachdem ein freundlicher junger Mann meine Daten aufgenommen und mir einen Stempel in den Pilgerpass gedrückt hat, schaffe ich mich mit schmerzenden Beinen die Treppe hinauf.

Alle Anstrengungen sind fast vergessen, als ich die ansprechenden Zimmer sehe. Auf der Etage befinden sich drei helle, mit jeweils sechs modernen Stockbetten eingerichtete Räume, sowie ein großzügiger, für Pilgerverhältnisse fast luxuriöser Waschraum mit mehreren Duschen und großen Waschbecken. Matratzen und Kopfkissen sind mit hygienischen Einmallaken bezogen und setzen dem Ganzen noch das i-Tüpfelchen auf. Mit welch einfachen Dingen man einem Pilger doch Behagen bereiten kann!

Erfreut treffe ich etliche Bekannte. Catherine, John und Helen, Peter, Rainer und Jutta haben sich ebenfalls hier einquartiert. Viel besser hätte es nicht kommen können. Nach einer sehr ausgiebigen Dusche und frischer Kleidung fühle ich mich fast wie neu, nur meine Erkältung, die ich schon seit einigen Tagen mit mir herum trage, ärgert mich jetzt noch. Ich tröste mich damit, dass ich den unangenehmen Schnupfen spätestens bei meiner Ankunft in Santiago hinter mir habe.

Bereit zu neuen Taten begebe ich mich auf Erkundungstour durch den hübschen Ort und finde nach einigem Suchen die kleine Kirche Iglesia de Santiago, in der ein Pilgergottesdienst stattfinden soll. Ein wenig in einer dunklen Nische verborgen, sitzt eine Frau und verteilt Texte in verschiedenen Landessprachen. Als ich meinen deutschen Text entgegennehme, fragt sie mich, ob ich bereit wäre mich am Gottesdienst zu beteiligen und eine Fürbitte auf Deutsch vortragen würde. Nun, warum nicht? Vor Publikum zu reden macht mir nichts aus, das wird in einer Kirche nicht anders sein.

Der sehr resolute Pater Augustos weist mich an, gemeinsam mit anderen Pilgern auf den bereit gestellten Stühlen im Altarraum Platz zu nehmen und erklärt auf Spanisch den Ablauf. Da ich ihn wohl als Einzige nicht verstehe, verlasse ich mich auf meine Spontanität, irgendwie wird das schon klappen.

Es ist sehr kühl in der Kirche, ich fröstle, meine Schnupfennase trieft, und ich versuche erfolglos gegen den aufkommenden Hustenanfall zu kämpfen. Da der Gottesdienst inzwischen begonnen hat, wirft der Pater vorwurfsvolle Blicke über die Schulter und schaut mich streng an. Ich sehe den Schalk in seinen Augen blitzen, mime Reue und hebe entschuldigend die Schultern. Pater Augustos schmettert der andächtig blickenden Gemeinde eine schwungvolle und leidenschaftliche Predigt entgegen. Obwohl ich nichts verstehe, fesselt mich seine Ansprache, dem Pater jedoch erscheine ich nicht konzentriert genug. Empört deutet er mir aufmerksam zu lauschen und nicht zu schlafen. Zumindest entnehme ich das seiner pantomimischen Darstellung. In Folge meiner Erkältung blicke ich ihn aus wässrigen Augen an und verteidige mich mit heftigem Kopfschütteln. Nach dem ‚Vater Unser' trifft mich abermals sein Blick. Er lässt die Arme hängen, schüttelt traurig den Kopf und sein mitleidiger Blick verrät, dass bei mir wohl Hopfen und Malz verloren seien. Er ist so sehr damit beschäftigt meine arme Seele retten zu wollen, dass er gar nicht reagiert, als sich das Handy eines Gottesdienstbesuchers durch sehr lautes, durchdringendes Pfeifen bemerkbar macht. Der Gläubige stürzt hinaus und führt direkt vor der offenen Kirchentür ein lautstarkes Gespräch mit einem unsichtbaren Gegenüber. Aber für Pater Augustos bin nun mal ich das Opfer und wieder wirft er mir einen strengen Blick zu. Endlich werden die Fürbitten vorgetragen und unser Auftritt erfolgt. Nacheinander treten wir Pilger nach vorne um unseren Text vorzutragen. Trotz allem ein emotionaler Moment.

Nach dem Segen wird die geläuterte Gemeinde entlassen, der Pater kommt grinsend auf mich zu, umarmt mich sehr innig und verabschiedet mich mit einem verschmitzten: „Vielen Dank, auf Wiedersehen und *buen camino!*" Dieses Schlitzohr hat mich ordentlich veräppelt und mich in die Inszenierung seines Gottesdienstes einbezogen. Ein raffinierter und sehr effektvoller Trick, über den ich noch lange schmunzeln muss.

Nun habe ich Hunger und verspüre trotz Triefnase Appetit nach einem leckeren Abendessen. Ich bummle die Hauptstraße entlang, vorbei an jeder Menge Bars, Restaurants und Tavernen, mit dicht besetzten Tischen und leckeren Speisen, die mir verführerisch entgegen duften. Da entdecke ich einige meiner Pilgerbekannten, die sich in einem der Lokale niedergelassen haben und mich eifrig herbei winken. Gerne geselle ich mich zu ihnen und vertiefe mich in die umfangreiche Menükarte. Bald steht der Tisch voll mit vielen verschiedenen Speisen und jeder probiert von allem. Essen, Wein und Gesellschaft sind gut und so haben wir einen sehr vergnüglichen Abend. John besitzt einen nicht enden wollenden Schatz an Erfahrungen und erzählt, in seinem merkwürdig klingenden Australien Englisch, eine Anekdote nach der anderen. Später ziehen wir uns beschwingt und bester Laune in unsere Alberge zurück und verschwinden schnell in unseren komfortablen Betten.

Ich hoffe, dass ich meine Mitbewohner nicht zu sehr mit meinen Hustenanfällen nerven muss, höre aber bald nur noch gleichmäßiges Schnaufen und den ein oder anderen leisen Schnarcher.

Triacastela – Sarria (20 km)

Meine Nacht war nicht sehr erholsam. Ich habe einen dicken Kopf und gefühlte 100 Päckchen Papiertaschentücher verbraucht. Schon früh ist Aufbruchsstimmung in unserem Zimmer und bald sind alle Pilger verschwunden. Besonders beeindruckt bin ich von Catherine, die bei unserer Rückkehr gestern Abend bereits im Tiefschlaf war und sich heute Morgen anscheinend in aller Frühe unbemerkt aus dem Zimmer gestohlen hat. Ich habe das Badezimmer ganz für mich alleine, trödele vor mich hin, kämpfe mit oder gegen meinen Schlafsack und beginne etwas unleidlich und müde meinen Wandertag. Die Suche nach einem bereits geöffneten Lebensmittelladen oder einer *panderia*, einer Bäckerei, bleiben leider erfolglos und so begebe ich mich wieder auf den Camino. Da ich mich nicht sehr fit fühle, fällt meine Entscheidung gegen den Umweg über das Kloster Samos und ich strebe direkt mein heutiges Etappenziel Sarria an.

Der Weg beginnt schon gleich sehr reizvoll und führt durch taunasse Wiesen auf einen dichten Wald zu. An einem in Sandstein gefassten Teich treffe ich auf eine Gruppe französischer Pilger, die in dem Pilgerbrunnen mit eindrucksvoller Jakobsmuschel ein schönes Motiv gefunden haben, das sie aus allen Perspektiven fotografieren. Mit großem ‚allo' werde ich begrüßt, halte mich aber nur kurz auf und stöhne weiter den recht steilen Waldweg bergan. Ich leide ein wenig still vor mich hin und habe so gar keine Lust, meinen heute besonders schweren Rucksack den Berg hinauf schleppen zu müssen. Da überholt mich plötzlich, wie aus dem Nichts kommend, ein vierbeiniger Beagleverschnitt. Auf kurzen, krummen Beinen spaziert er lässig an mir vorbei, gräbt hier und da ein wenig im Laub und steckt schnüffelnd seine Nase in jedes Mauseloch. Einige Meter vor mir hält er an und dreht sich nach mir um. Als ich ihn eingeholt habe, trottet er weiter und geht wieder seinen wichtigen Geschäften des Schnüffelns und Grabens nach. Erneut wartet er nach ein paar Metern, kommt mir einige Schritte entgegen und geht weiter als er sieht, dass ich ihm folge. Dieses Spiel geht so lange, bis wir den Hohlweg oben angekommen sind und der Wald sich lichtet. Da dreht er plötzlich ab, wirft mir noch einen kurzen Blick hinterher und trottet den Weg wieder hinunter. Es scheint tatsächlich so, als habe der kleine Kerl gespürt, dass ich kurz davor war schlapp zu machen: „Nun komm schon, lass dich nicht hängen und geh weiter!"

Tatsächlich fühle ich mich besser und laufe festeren Schrittes weiter, vorbei an knorrigen, alten Bäumen mit mächtigen, moosbewachsenen Stämmen. Die Luft ist feucht und es riecht nach Herbst. Nach kurzer Zeit lasse ich den Wald hinter mir und gelange, vorbei an mit Natursteinmauern eingefassten Feldern, zu einem kleinen Dorf mit Kapellchen und wenigen Häusern, die wie zufällig in der Gegend stehen. Es ist absolut still, alles wirkt unglaublich friedlich und nur die flatternde Wäsche an den Wäscheleinen deutet auf menschliches Leben. Die Welt scheint hier stehengeblieben und ich halte einen Moment inne, um diese Stimmung in mir aufzunehmen.

Leider hält die Idylle nicht lange an, die Gruppe Franzosen, die ich vor einiger Zeit am Brunnen getroffen hatte, nähert sich unüberhörbar gut gelaunt. Die Pilger überholen mich, grüßen höchst erfreut mich wieder getroffen zu haben, werfen einen kurzen Blick auf die kleine Kapelle und setzen ihren Weg, intensiv plaudernd, fort. Es ist sehr erstaunlich wie laut man miteinander plaudern kann. Ich möchte die Landschaft noch ein wenig auf mich wirken lassen und so warte ich, bis die Gruppe außer Hörweite ist, bevor ich ihnen in einiger Distanz folge.

Ich freue mich an der schönen Natur und entdecke plötzlich, mitten im Nirgendwo, einen modernen Getränkeautomaten, der wie versehentlich abgestellt wirkt und so gar nicht in die Landschaft passen will. Ich verbuche dies unter der Rubrik ‚der Weg sorgt für dich', auch wenn es hier geschäftstüchtige Menschen waren, die sich um den durstigen Pilger sorgen.

Ich leide immer stärker unter meiner Erkältung und fühle mich immer kränker. Ständig muss ich meine Nase putzen, bekomme allmählich Gliederschmerzen und einen richtig schönen Brummschädel. Obwohl der Weg genau so ist, wie ich ihn am liebsten habe, abwechslungsreich und sehr ländlich, mit kleinen Dörfern, Wiesen, Weiden und kleineren Wäldern, kann ich ihn nicht recht genießen. Ich bin schon völlig geschafft, muss aber bis Sarria durchhalten, vorher gibt es keine Übernachtungsmöglichkeit.

Nach einem von knorrigen, alten Eichen gesäumten Hohlweg erreiche ich endlich die ersten Häuser von Sarria. Den Ort nehme ich nur am Rande wahr und will jetzt nur noch in dem Quartier ankommen, dass ich mir für den heutigen Tag ausgesucht habe.

Fast ungläubig stehe ich vor den Treppenstufen, die hinauf in die Altstadt führen. Nur wer schon einmal viele Kilometer mit schwerem Rucksack auf dem Rücken hinter sich gebracht hat, kann verstehen, welches Hindernis sich hier dem Pilger in den Weg stellt. Da ich jedoch nicht vorhabe auf der Straße zu übernachten, erklimme ich ächzend die Sandsteinstufen und strenge mich an, mir mein Leid nicht zu sehr anmerken zu lassen. Nach ein paar Hundert Metern das Altstadtgässchen hinauf, sehe ich mit größter Erleichterung die private Herberge, in der ich mein müdes Haupt niederlassen möchte. Wenn jetzt hier kein Bett mehr frei ist, werfe ich mich auf die Straße und schreie so laut, bis sich jemand meiner erbarmt und auf Daunen bettet. Ich öffne die Tür des unscheinbar wirkenden Hauses und betrete ein kleines Paradies.

Der lange, hohe Flur ist bis zur Decke mit Mosaikkacheln gefliest. Durch eine hohe Tür mit großen Sprossenfenstern geht der Blick in einen Innenhof, direkt auf einen Springbrunnen mit kitschigen Steinfiguren. Der wohltuend gastfreundliche *hospitalero* erledigt die Aufnahmeformalitäten und zeigt mir mein Bett in einem gemütlichen Raum mit knarzenden Holzdielen und hohen Decken. Das Badezimmer mit Wanne und Dusche ist so geräumig, dass man eine Party darin feiern könnte. Weitere Duschen befinden sich in einem Anbau, erreichbar über den mit Rosenbeeten angelegten Innenhof. Eine große Wohnküche, ein Kaminzimmer mit offenem Kamin, ein Aufenthaltsraum mit schweren, sehr gemütlichen Polstersesseln und einem rustikalen Holztisch runden das Ganze ab. Ich komme aus dem Staunen nicht heraus. Der untere Bereich des Anwesens ist sehr liebevoll für die Pilger hergerichtet, in der oberen Etage wohnt der *hospitalero* mit Frau und Kind. Dem Kinderwagen nach, der im Flur steht, ist der Knirps dem Babyalter noch nicht entwachsen. Komplett begeistert bin ich, als mir mein Gastgeber die Dachterrasse zeigt, die über eine Treppe im Innenhof zu erreichen ist. Unter einer mit Weintrauben bewachsenen Pergola laden Liegestühle und eine Hängematte den müden Pilger zum Sonnenbaden ein. Und noch eine Treppe höher, über den Dächern der umliegenden Häuser, flattert bereits frisch gewaschene Pilgerwäsche im Wind.

Alle Strapazen sind vergessen und die Welt ist absolut in Ordnung. Erst recht, als ich unten im Zimmer auf Catherine, John und Helen treffe und auch Lukas, Melanie und Anja, die jungen Leuten, die ich in Molinaseca getroffen hatte, sind in dieser Wohlfühlherberge untergekommen. Wer will da noch an Zufall glauben?

Ich trödle bei einer ausgiebigen Dusche im großzügigen Badezimmer, erledige die Wäsche und hänge sie auf der oberen Dachterrasse auf. Bei dieser Aussicht macht das sogar richtig Spaß. Anschließend geselle ich mich zu den anderen Pilgern auf die Terrasse. Catherine döst in der Hängematte, John und Helen sitzen an einem Tisch und schreiben Tagebuch, Lukas, Melanie und ich räkeln uns in Liegestühlen, blinzeln in die Sonne, bezeichnen uns als Genusspilger und fühlen uns einfach nur wohl miteinander.

Eine lange Treppe führt in die Altstadt von Sarria

Über den Dächern der Häuser flattert die Pilgerwäsche im Wind

Nach einer ausgiebigen Pause erwachen langsam wieder die Lebens-
geister. Catherine möchte sich nach einem *nice restaurant with a great
dinner and a wonderful wine* umsehen, John und Helen machen sich
auf die Suche nach einer Bank um Geld zu holen, Lukas, Melanie und
Anja zieht es in einen Supermarkt, da sie Hunger auf Salat haben und
die Zutaten einkaufen möchten und ich möchte einfach ein wenig durch
Sarria schlendern.

Nach wenigen Metern bemerke ich einen großen Supermarkt, den ich
mit leuchtenden Augen betrete. Eigentlich möchte ich nur Wasser und
ein wenig Proviant für den morgigen Tag kaufen und meinen Vorrat an
Papiertaschentüchern auffüllen, denn noch immer trieft meine Nase
ohne Unterlass. Das Angebot ist jedoch so verführerisch, dass ich durch
die Gänge streife und prüfend Packungen mit Serrano Schinken, lecker
aussehendem Käse, getrockneten Aprikosen und sogar Gläser mit ein-
gemachten Antipasti in der Hand wiege. Ich habe plötzlich großen Appetit auf all die köstlichen Sachen, weiß allerdings genau, dass ich sie
morgen in meinem Rucksack über die Hügel Nordspaniens schleppen
müsste und verzichte schweren Herzens.

Während meiner Überlegungen ob ich mir die 150 g Packung Schinken
gönnen soll, werde ich von hinten angesprochen: „Ja, hier überlegt man
schon ziemlich genau, mit welchem Ballast man sich beladen möchte."

Ertappt drehe ich mich um und blicke in das amüsiert lächelnde Gesicht
von Lukas. Er und die beiden Mädels haben ebenfalls den Weg in dieses Schlemmerparadies gefunden und stehen vor ähnlichen Problemen
wie ich. Melanie verabschiedet sich gerade etwas wehmütig von einer
duftenden Melone und entscheidet sich für Weintrauben. Ach was sind
wir doch vernünftig!

Mit dann doch eher kleinem Einkauf verlasse ich den Laden und
bummle zurück in Richtung Alberge. Da es inzwischen Zeit für Abendessen geworden ist, halte ich Ausschau nach einem gemütlichen Restaurant. Davon liegen einige auf meinem Weg, die jedoch alle ziemlich

touristisch auf mich wirken, worauf ich keine Lust habe. Endlich entdecke ich eines, welches eher meinem Geschmack entspricht. Urig, mit schweren, dunklen Holzbänken an einfachen, rustikalen Tischen, sowohl drinnen im Lokal, als auch draußen. Ich lasse mich nicht davon abschrecken, dass ich bisher der einzige Gast bin, während die anderen Restaurants schon recht gut besucht sind und nehme an einem Tisch vor dem Lokal Platz. Der einzige Nachteil ist, dass ich ziemlich auf dem Präsentierteller sitze und mir heute nicht nach Gesellschaft ist. Ich möchte für mich bleiben, nicht viel reden müssen, etwas Gutes essen, meine Erkältung pflegen und ein wenig still vor mich hin leiden.

Nun werde ich erst einmal eine ganze Zeit lang ignoriert, keine Bedienung findet den Weg zu mir. Aber da ich beharrlich sitzen bleibe, wird meine Geduld schließlich belohnt und ich bekomme immerhin eine Speisekarte gebracht.

Der Kellner, oder was auch immer er darstellt, ist absolut bemerkenswert. Stolz trägt er einen sehr dicken Schmerbauch vor sich her und in seinem schwarzen, viel zu engen und deutlich zu kurzem T-Shirt und knielanger, schwarzer Schlabberhose empfindet er sich offensichtlich als überaus lässig. Seine fast schulterlangen, schwarzen, etwas pomadigen Locken hält er cool mit einem breiten Stirnband aus dem Gesicht. Mein amüsiertes Lächeln bestätigt ihn vermutlich in seiner Meinung, er sei ein ganz toller Typ.

Nachdem er meine Bestellung aufgenommen hat, setzt er sich auf der gegenüberliegenden Straßenseite auf eine Treppe und telefoniert in sein Handy. Ich habe Glück, irgendwann fällt ihm wieder ein, dass er Kundschaft hat und während einer Gesprächspause bringt er mir schnell meine Vorspeise, eine galicische Kohlsuppe. Einige Minuten später denkt er sogar an Besteck, so dass ich meine Suppe doch nicht aus dem Teller schlürfen muss. Den Wein vergisst er jedoch beharrlich.

Ich amüsiere mich köstlich über den Typen. Ob ich die Situation auch so entspannt aufgenommen hätte, wenn ich mich nicht auf dem Pilgerweg befinden würde?

Als ich meine Suppe zu löffeln beginne, die überraschenderweise sehr köstlich schmeckt, entdecke ich ein altbekanntes Gesicht. Herbert, den ich zuletzt in Riego getroffen hatte, kommt die Straße heraufgeschlendert. Als er mich bemerkt, strahlt er über das ganze Gesicht und setzt sich völlig selbstverständlich zu mir, allerdings nicht ohne zu bemerken, dass ich mir eine ziemlich abgewrackte Kneipe ausgesucht hätte. Sofort lässt sich Herbert über den verpeilten Kellner aus, der schon wieder wichtige Gespräche am Handy abzuwickeln hat. Trotzdem bestellt er ebenfalls ein Pilgermenü und ordert, ziemlich überheblich, eine Flasche Wein für uns. „Aber nicht den gepanschten Roten, den ihr den Pilgern immer unterjubelt. Einen guten bitteschön!"

Herbert will mir imponieren, mir ist das jedoch unangenehm und seine Art gefällt mir absolut nicht. Wieder schaffe ich es nicht, ihm das zu sagen, mache gute Miene zum bösen Spiel und lasse seine Komplimente über mich ergehen. Ziemlich genervt ziehe ich mich bald in meine Unterkunft zurück und erhalte noch das Versprechen, dass wir uns am nächsten Tag in Portomarin sehen würden. Meine Freude hält sich in Grenzen und ich bekomme ein wenig ein schlechtes Gewissen. Schließlich ist Herbert ziemlich nett, tut mir nichts Böses und er kann nichts dafür, dass ich lieber alleine unterwegs sein möchte.

Zurück im Refugium, werde ich direkt vom *hospitalero* eingeladen ins Kaminzimmer zu kommen. Im Kamin flackert ein gemütliches Holzfeuer, auf einem Tisch stehen Schnapsgläser und vier Flaschen mit verschiedenen Schnäpsen bereit. Wir Pilger rücken am wärmenden Feuer zusammen und lauschen den unterhaltsamen Geschichten von John. Der Australier ist schon viel in der Welt herumgekommen und hat jede Menge Geschichten zu erzählen. Die Schnäpse, die selbstverständlich alle verköstigt werden müssen, tun ihr Übriges und so ist die Stimmung ausgesprochen gut.

Doch bald ziehen wir uns mit der nötigen Bettschwere in unsere Zimmer zurück und appetitlich nach Holzfeuer duftend kuschle ich mich in meinen Schlafsack.

Die Erkältung ist schon viel besser geworden!

Sarria – Portomarin (27 km)

Ich habe leidlich geschlafen und als ich die Herberge, in der ich mich sehr wohl gefühlt habe, verlasse, sind die meisten Pilger bereits auf dem Weg. Nach obligatorischem *café con leche* und *tostadas* in einer Bar um die Ecke laufe ich frohen Mutes in den Morgen. Mein Schnupfen ist tatsächlich besser geworden, und ich fühle mich nicht mehr so krank und elend.

Die Straße hinauf, aus dem Ort hinaus und noch einmal ein Blick zurück über Sarria. Hier hat es mir gut gefallen.

Vorbei an den spärlichen Überresten einer mittelalterlichen Burg am Ortsausgang gelange ich zum Monasterío de la Magdalena. Ein wunderschöner Mosaikweg führt zur Kirche der Klosteranlage, die bereits im Mittelalter als Pilgerherberge gegründet wurde. Ich wundere mich über die vielen Rad- und Fußpilger, die sich hier versammelt haben und um einen Stempel anstehen. So besonders scheint mir dieser Platz nun auch nicht. Da fällt mir ein, dass es ab Sarria noch etwa 100 km bis Santiago sind. Und nur wer nachweisen kann, diese Etappe wahrhaftig zu Fuß zurückgelegt zu haben, erhält in Santiago die *compostela*, die Pilgerurkunde. Es wird empfohlen von nun ab zwei Stempel pro Tag im Pilgerpass sammeln. Dies zur Sicherheit, da es immer wieder spitzfindige Menschen gibt, die sich mit Bus oder Taxi bis Santiago durchmogeln. Meiner Meinung nach schaffen es die, die betrügen wollen trotzdem, betrügen aber letztendlich sich selbst. Ich lasse mich nicht verunsichern und verweigere die Jagd nach einem Stempel. Außerdem habe ich bereits jetzt mehr als 100 km zurückgelegt und werde hoffentlich in einigen Tagen stolz meine Pilgerurkunde in Empfang nehmen.

Beschwingt und mit kaum spürbarem Rucksack genieße ich den Weg. Die Landschaft ist wunderschön. Mit Laub bedeckte Waldwege, gesäumt von uralten, knorrigen Kastanienbäumen und mächtigen Eichen mit moosbewachsenen Stämmen. Im schattigen Unterholz gedeihen hohe, kräftige Farne und weiche Moospolster bedecken den Boden. Es duftet nach Wald, feuchtem Herbstlaub, vermoderndem Holz und Pilzen. Als ich aus dem Wald auf eine Lichtung gelange, liegt der Morgennebel wie ein Schleier über der Wiese. Gräser in unterschiedlichen Grüntönen, blaugrüne Binsen und Farbtupfer in herbstlichen Tönen verzaubern diesen schönen Altweibersommermorgen. Kunstvolle Spinnennetze, dekoriert mit Tautropfen, in denen sich die Sonnenstrahlen spiegeln, zieren Zäune und Gräser. Die Natur scheint so unwirklich, dass es mich nicht wundern würde, wenn jeden Moment ein Gnom hinter einer alten Baumwurzel auftauchen würde. Da nur sehr wenige Pilger zu sehen sind, kann ich die Landschaft ganz ungestört auf mich wirken lassen.

Über große Trittsteine geht es an Pfützen und Rinnsalen vorbei

Beim Weitergehen muss ich mich vorsehen um nicht zu stolpern, da der Weg uneben und sehr steinig ist. An einigen Stellen sind große Trittsteine verlegt, über die der dankbare Pilger trockenen Fußes an großen Pfützen, kleinen Bächen und Rinnsalen vorbei balancieren kann.

Kniehohe Natursteinmauern begrenzen die saftig grünen Kuhweiden. Große, kleine, runde und eckige Steine sind zu einer stabilen Mauer aufgeschichtet und mit Moosen, Farnen und kleinen Blumen bewachsen. Auf den Steinen ducken sich Eidechsen in die wärmenden Sonnenstrahlen und huschen eilig davon, sobald sie mich bemerken. Ein wunderschönes Fleckchen Erde!

Schließlich passiere ich den 100 km Grenzstein. Nur noch 100 km bis Santiago, das ich am Sonntag, also in fünf Tagen, erreichen möchte. Für die Pilger, die den Camino Francés in Saint-Jean-Pied-de-Port begonnen haben, muss dies ein ganz besonderer Moment sein. Sie haben dann bereits etwas mehr als 700 km hinter sich gebracht. Eine enorme Leistung und ich bin schon stolz auf meine bisherigen 170 km.

Selbstverständlich wird dieser Kilometerstein fotografisch festgehalten und weiter geht es Richtung Westen. Der Weg zieht sich durch viele malerische kleine Dörfer und immer wieder weiche ich den zahlreichen Kuhfladen aus, die überall auf der Straße drapiert sind. Hier stört es offensichtlich niemanden, daheim wären diese Hinterlassenschaften mitten im Ort undenkbar. Schmunzelnd kommt mir ein Spruch in den Sinn, den ich diese Tage von einem Pilger gehört habe: „Woran erkennt man, dass man sich in Galicien befindet? An den zahlreichen Kuhfladen mitten auf der Straße." Stimmt eindeutig!

Während ich über diese wichtige Lebensweisheit nachdenke, werde ich von hinten angesprochen: „Hallo meine hübsche Pilgerin!" - Herbert.

Gemeinsam laufen wir weiter und ich kann den Weg nicht mehr recht genießen. Er unterhält mich mit Themen, die ich hier eigentlich gar nicht hören möchte. Politisierend, belehrend, weltverbessernd und leider viel zu oft sehr negativ eingestellt. Ich ärgere mich über mich selbst, dass ich ihm wieder keine klare Ansage mache.

Nun ist es bis Portomarin nicht mehr weit. Herbert schwärmt begeistert von einem fantastischen Refugium, modern, prima in Schuss, absolut empfehlenswert und er hofft sehr, dort noch unterzukommen.

Ich bin müde und freue mich als wir endlich den Stausee erreichen. Hier befand sich ursprünglich das damals reiche Portomarin. Dann wurde mit dem Bau der Staumauer der Ort oben am Hang neu angelegt, einige Gebäude, so die markante Kirche, wurden abgetragen, im neuen Ortskern wieder aufgebaut und der Stausee schließlich geflutet.

Durch den derzeit recht niedrigen Pegelstand sind auf dem breiten Uferstreifen die Mauerreste der damaligen Häuser zu erkennen. Irgendwie macht mich dieser Anblick melancholisch.

Nachdem wir die schwindelerregende Brücke überquert haben, mobilisiere ich meine letzten Reserven um die steile, hohe Treppe zu erklimmen, die in die Altstadt führt. Ich gebe zu, ich bin ein Weichei und zu geschafft um noch weiter laufen zu können. Also schließe ich mich Herbert an und stolpere hinter ihm her in die Herberge, wo wir von jungen Damen in schickem Einheits-Outfit empfangen werden. Das Ganze hat etwas von einem Kosmetiktempel und es würde mich nicht wundern, wenn eine der Damen hinter dem Tresen hervorkäme, um mir einen weißen Frotteebademantel zu verpassen, mich zur Gesichtsbehandlung zu bitten und mir die Nägel zu machen. Das Empfangsritual mit Stempel in den Pilgerpass will nicht so recht in dieses Ambiente passen. Mit ungutem Gefühl folge ich in meinen klobigen und verdreckten Wanderschuhen einer der Damen, Typ Fitnesstrainerin, in den Schlafsaal, wo sie mir ein Bett zuweist.

Entsetzt schaue ich mich um. In dem riesigen, modernen Saal stehen 120 Stockbetten ordentlich in Reih und Glied. Die Bettenreihen sind mit deckenhohen weißen Vorhängen abgetrennt. Auf einer Seite befindet sich ein langer Gang mit einer Tür, die auf den Flur und von hier zu den Toiletten und Duschräumen führt. Der Aufenthaltsraum ist ausgestattet mit einem überdimensionalen Flachbildschirm, mit Tischen und Stühlen, die an eine moderne Kantine erinnern und Automaten mit Getränken, Sandwiches und Süßigkeiten. Alles ist ausgesprochen sauber und bestens durchorganisiert, leider jedoch auch sehr steril und unpersönlich. Ich fühle mich wie in einem Lazarett und irgendwie riecht es sogar danach.

Ich breite meinen Schlafsack auf meinem Bett aus, welches sich selbstverständlich direkt neben Herberts befindet, richte mich ein und gehe duschen. Zugegebenermaßen sind die Duschen regelrecht komfortabel, dennoch bin ich undankbar und finde es hier einfach nur schrecklich.

So setze ich mich schnell ab und flüchte nach draußen in die Sonne. Ich bummle die Straße hinauf, werfe einen Blick in die auffällige Kirche Portomarins, schaue mir den Ort an und bin besonders von den schmiedeeisernen Geländern und Gartenzäunen beeindruckt, die allesamt mit einer kunstvollen Jakobsmuschel verziert sind.

Beim Stöbern durch die Souvenirläden treffe ich nicht nur auf viele Pilger, sondern auch auf zahlreiche Touristen. Diese sind daran zu erkennen, dass sie nicht Trekking-Hosen, Funktionsshirts und Flip-Flops oder Crocs tragen, sondern Jeans oder Freizeit Hosen und gebügelte Baumwollhemden bzw. Blüschen. Die Frauen haben Handtaschen dabei und die Einkäufe werden nicht nach Gewicht ausgesucht. Außerdem unterscheiden sich Pilger und Touristen auch an der Art miteinander kommunizieren.

Pilger: „Geht es dir gut? Alles in Ordnung mit deinen Füßen?"

Touristin: „Wie findsten die Tasch? Is doch ganz nett, odder?" Er: „E bissje kitschisch." Sie: „Nää, find ich net." Er: „Eijo, dann nimm se."

Ob ich, wenn ich das nächste Mal selbst als Tourist unterwegs bin, mich nach dem Befinden der Füße eines anderen Touristen erkundige? Bei diesem Gedanken muss ich grinsen. Schon ein besonderes Volk, wir Pilger.

Der Stausee von Portomarin

120 Stockbetten stehen ordentlich in Reih und Glied

Inzwischen ist es spät geworden und ich treffe mich mit Herbert zum Essen. Wir finden ein ansprechendes Restaurant unter den Arkaden neben der Kirche und haben einen netten Abend mit, wider Erwarten, guten Gesprächen.

Die Nacht in unserem Schlafsaal wird zum Desaster. In dem sehr großen Raum gibt es keine Ruhe und eine Gruppe schwätzender, pupsender und ständig gickelnder junger Italiener nervt ohne Ende. Sie werden mehrmals barsch zur Ruhe aufgefordert, was die jungen Leute jedoch noch mehr erheitert.

Irgendwo leidet ein Pilger unter schlimmem Reizhusten, der ihn und uns die halbe Nacht quält. Da hilft auch das Bonbon nicht, dass ihm von einem ebenfalls schlaflosen Pilger angeboten wird.

Erst jetzt wird mir bewusst, dass sich meine Liegestatt genau gegenüber der einzigen Tür zum Flur befindet und viele Pilger nachts gewisse Örtlichkeiten aufsuchen müssen. Dadurch entwickelt sich direkt neben meinem Bett ein reger Durchgangsverkehr. Am gleichmäßigen Atmen und leisen Schnarchen erkenne ich neidisch, dass Herbert tief und fest schläft. Selbst nachdem ich mir Stöpsel in die Ohren gestopft habe komme ich nicht zur Ruhe.

Portomarin – Pontecampaña (26 km)

Ich habe das Gefühl, die ganze Nacht kein Auge zu gemacht zu haben und stehe am frühen Morgen völlig gerädert auf. Während Herbert verschlafen aus seinem Schlafsack blinzelt, packe ich schnell meine Sachen zusammen und verlasse fast fluchtartig die Herberge.

Ich nehme mir vor, heute einige Kilometer hinter mich zu bringen, ich muss einmal andere Gesichter sehen. Sehr schnell schreite ich voran, weg von der Herberge, weg von Portomarin und weg von Herbert. Auf einer Fußgängerbrücke überquere ich eine schmale Bucht des Sees, bewege mich einen steilen Anstieg hinauf durch einen kleinen Wald und werfe einen letzten Blick zurück auf das noch schlafende Portomarin und den Stausee, der im morgendlichen Dunst liegt.

Gemeinsam mit mir verlassen viele Pilger den Ort und bewegen sich wie Ameisen über die Brücke. Ich laufe und laufe, will alle und alles abschütteln, allen davon laufen.

Obwohl die Landschaft keine besonderen Eindrücke bietet, genieße ich es zu gehen. Einige Kilometer verläuft der Weg ziemlich öde auf einem Kiespfad parallel einer Landstraße stetig bergauf, der Anstieg wird aber wenigstens mit schönen Ausblicken in die Gegend belohnt. Inzwischen ist es sehr warm geworden und ich gönne mir eine Rast in einer kleinen Bar am Ortsausgang von Castromaior. Ich genieße - na was wohl - einen *café con leche* und blinzle in die Sonne, während die Pilger an mir vorbeiziehen. Mir fällt auf, dass es etliche Spanier sind, die meist in größeren Gruppen, mit leichtem Gepäck, in rosa oder hellblauen Turnschuhen strammen Schrittes unterwegs sind. Es scheint tatsächlich so, dass viele Spanier die 100 km bis Santiago laufen, um sich dort ihre *compostela* abzuholen und sich den Erlass ihrer Sünden erhoffen.

Erstaunlich! Bisher hatte ich dies für ein Gerücht gehalten.

Wieder zieht eine Gruppe Spanier leichtfüßig an mir vorbei, angeführt von zwei Männern, die fröhlich zu mir herüber winken und so lange nach mir den Kopf verdrehen, bis sie hinter einer Kurve verschwunden sind. Dieser Gruppe werde ich später noch öfter begegnen.

Auch ich schließe mich wieder dem Pilgerstrom an und begebe mich auf den kurzen, aber sehr steilen, schweißtreibenden Anstieg, der vor mir liegt. Oben angekommen befinde ich mich in einer Landschaft, die ich wieder so gar nicht mit Spanien, sondern eher mit einem deutschen Mittelgebirge in Verbindung gebracht hätte. Mischwald, farbenprächtige, blühende Heidelandschaft und sanfte Hänge, die mit Farnen und kleinen Sträuchern bewachsen sind. Verstärkt wird dieser Eindruck noch, als ich in Hospital da Cruz auf eine Ausstellung funkelnagelneuer Traktoren stoße. Für mich passt dieser Landmaschinenhandel nicht so recht zum Camino. Der Anblick holt mich aus meiner Pilgerversenkung zurück und ich werde daran erinnert, dass es auch ein Leben außerhalb des Pilgerweges gibt und einen Alltag für die Menschen, die hier leben.

Nach dem Überqueren einer breiten, neu angelegten Straße gefällt mir die Gegend wieder deutlich besser. Eichen, Birken, Kiefern und üppig tragende Brombeersträucher säumen den Weg. Viele Pilger greifen ordentlich zu und naschen ausgiebig von den dunklen Beeren. Ich traue mich nicht so recht mich an dem mit Brombeeren, Äpfeln und Trauben spätsommerlich reich gedeckten Tisch zu bedienen, bei ungewaschenem Obst bleibe ich immer skeptisch und bin vielleicht einmal wieder zu vernünftig.

Bald führt der Weg auf einer schnurgeraden, kaum befahrenen Straße steil bergab und ich überhole einige Pilger, die offensichtlich Probleme mit ihren Knien haben. Da ich glücklicherweise bisher von derartigen Übeln verschont geblieben bin, schicke ich schnell einen dankbaren Gruß ins All und spaziere in mühelosem Schritt auf eine Baumgruppe zu.

Zwischen den Bäumen steht ein steinernes Wegkreuz verborgen. Auf der einen Seite ist die Jungfrau Maria zu sehen und auf der anderen Christus mit einem Totenkopf zu seinen Füßen. Was ungewöhnlich erscheint, dass ein Kreuz auf beiden Seiten eine Figur zeigt, ist in Galicien durchaus üblich. Die Erklärung, dass man die Wegkreuze ja schließlich von zwei Seiten sieht, finde ich logisch und überaus spitzfindig!

Nach kurzem Stopp und ehrfurchtsvoller Umrundung des sehr alten Kreuzes aus dem 17. Jahrhundert, trete ich aus dem kleinen Wald wieder auf den Weg, um meine Wanderung fortzusetzen.

Das schmale Verbindungssträßchen ist auf beiden Seiten von Bäumen gesäumt, hinter denen vereinzelt einfache Häuschen auszumachen sind. In einiger Entfernung vor mir liegt eine Viehtränke, aus der eine braune Kuh in mächtigen Zügen Wasser säuft. Als ich sie mich bemerkt, schaut sie mir erwartungsvoll entgegen, stellt sich mit tropfendem Maul model-like in Position, wartet bis ich sie fotografiert habe und trottet dann, über die zahlreichen Pilger innerlich den Kopf schüttelnd, gemächlich zu ihren Kolleginnen zurück auf die Weide. Dies war ein sehr effektvoller Auftritt und ich wäre nicht überrascht, wenn irgendwo eine Trinkgeldkasse stehen würde.

Die Kuh stellt sich erwartungsvoll in Position, dass ich sie fotografieren kann

Am Rand der Weide entdecke ich einen Holzstapel, der geradezu ideal für ein Picknick ist. Abseits vom Weg genieße ich Brot, Käse und getrocknete Aprikosen, während in einiger Entfernung die Pilger an mir vorbeiziehen. Zu erkennen am gleichmäßigen Klack-Klack der Wanderstöcke.

Nach dieser Pause sind Körper und Geist wieder erfrischt und weiter führt mich der Weg durch viele kleine und sehr kleine Siedlungen.

In einem der kleinen Dörfer laufe ich direkt an den Grabnischen eines bemerkenswerten Friedhofs vorbei. Die Gräber zeigen zur Straße und die schmalen Straßenränder sind mit Blumen bedeckt. Eine ungewöhnliche Art der letzten Ruhe, an der stetig zahlreiche Pilger vorbeiziehen, Fußgänger passieren und in unmittelbarer Nähe Fahrräder, Roller und Autos vorbei fahren.

In leichtem Auf und Ab verläuft die Strecke entlang verkehrsarmer Landstraßen oder auf Feldwegen, führt durch reizvolle Hohlwege und immer wieder vorbei an Bruchsteinmauern. Staunend bewundere ich die üppig blühenden Hortensienbüsche, die in Gärten, vor Häusern und überall am Wegrand in den schönsten Rosa- und Blautönen leuchten.

Bald habe ich Palas de Rei erreicht, Etappenziel für viele Pilger, die, wie ich, in Portomarin gestartet sind.

Als ich im Ort ankomme, sehe ich mich in meinem Vorhaben heute noch weiter zu laufen, endgültig bestätigt. Ich frage mich, wie eine dermaßen fade, graue und durch Abgase belastete Stadt zu einem solch wohlklingenden Namen kommt: Palas de Rei – Königspalast. Diesen sucht man hier vergebens, dafür findet man jede Menge Hotels, Hostals und einige Herbergen und es wimmelt nur so von Pilgern.

Eigentlich bin ich müde und habe Lust auf eine Pause, mobilisiere aber noch einmal alle Kräfte und gehe weiter. Als ich die wenig schöne Innenstadt hinter mich gebracht habe, zeigen mir zwei steinerne Pilger auf einem Sockel den Weg aus der Stadt hinaus. Dies nehme ich als Zeichen dafür, dass meine Entscheidung weiterzugehen, richtig ist.

Mein Ziel für heute soll eine private Herberge sein, die in meinem Unterkunftsverzeichnis als - sehr reizvoll, in idyllischer Lage - beschrieben ist. Darauf bin ich neugierig und obwohl es bereits spät am Nachmittag und die Wahrscheinlichkeit dort jetzt noch einen Platz zu ergattern gering ist, will ich es riskieren.

Nachdem ich Palas de Rei endgültig hinter mir gelassen habe und ein Stück an der Nationalstraße entlang gelaufen bin, führt mich der Weg endlich wieder durch landschaftlich wunderschöne Gegend. Durch ein hübsches Dorf, über Feldwege und vorbei an einigen der zahlreichen *hórreos*. Diese, auf steinernen Pfeilern, freistehenden Kornspeicher aus Holz oder Stein, die in vielen unterschiedlichen Variationen die galicische Landschaft bereichern, bieten ein äußert dankbares Fotomotiv.

So richtig genießen kann ich die Gegend nun nicht mehr. Inzwischen bin ich völlig erledigt und kämpfe mich Schritt für Schritt voran. Wie können sich die paar wenigen Kilometer nur so lange hinziehen? Was, wenn ich in der Herberge keinen Platz mehr bekomme? Die nächste Übernachtungsmöglichkeit bietet sich erst eine ganze Wegstrecke später. Ich werde immer verzagter und muss mir selbst ständig einreden, dass ich es ganz sicher schaffe, dass auf dem Weg für mich gesorgt wird und alles gut ist, so wie es ist. Eine andere Möglichkeit bleibt mir auch gar nicht, da um mich herum derzeit nichts als Gegend ist und ich nicht vorhabe irgendwo hier im Gebüsch zu nächtigen.

Endlich, endlich taucht ein Gebäude auf - das muss die Herberge Casa Domingo sein. Ein gepflasterter Pfad führt durch den Garten zu einem Haus aus Naturstein. Irgendwie sieht es nicht sehr einladend aus, keine Menschenseele ist zu sehen. Etwas unentschlossen öffne ich eine knarzende Holztür und betrete einen hohen, dunklen Raum mit wenigen, einfachen Tischen und Stühlen. Um die Ecke befindet sich offensichtlich die Küche, durch einen Tresen abgetrennt, an dem einige mürrisch aussehende Männer in Arbeitsklamotten stehen und essen, in der Küche hantiert ein etwas schmuddelig wirkender Mann geräuschvoll mit großen Pfannen. Als ich den Raum betrete, drehen sich die Männer kurzzeitig interessiert zu mir um, wenden sich aber gleich wieder ihren Tellern zu und schaufeln weiter ihr Essen in sich hinein.

Ach du Schreck!!! Wo bin ich hier gelandet???

Während mir diverse Szenarien durch den Kopf schießen und ich überlege, ob ich sofort wieder gehen oder doch erst nach einer Unterkunft fragen soll, schlägt auf der gegenüberliegenden Seite eine schwere Holztür auf und ein sympathisch aussehender Mann tritt schwungvoll in den Raum. Er grinst mich breit an und fragt in englischer Sprache, ob ich denn eine Unterkunft suche. Mir meiner Sache noch immer nicht ganz sicher bestätige ich dies vorsichtig, worauf er hinter dem Tresen ein großes Buch, eine Kasse und einen Stempel hervorkramt, nach meinem Pilgerausweis fragt und meine Daten in das Buch einträgt. Ich nicke zögerlich als er sich erkundigt, ob ich am Pilgermahl teilnehmen möchte und überlege noch immer, in welcher Spelunke ich hier gelandet bin und wo um alles in der Welt ich schlafen soll. Der *hospitalero*, der er allem Anschein nach zu sein scheint, gibt mir meinen Pilgerpass zurück, nimmt meine Bezahlung für Bett und Essen entgegen und deutet mir ihm zu folgen. Durch die Holztür, durch die er vorhin hereingekommen war, gelangen wir in einen gepflasterten Hof und zu einem langgestreckten, flachen Holzhaus, vor dem etliche Paare Wanderschuhe zum Auslüften in einem Regal aufgereiht sind. Als ich dann noch auf der Leine flatternde Wäsche sehe, poltert mir ein riesiger Stein vom Herzen. Hier sieht es nach Herberge und Pilger aus.

Der *hospitalero*, der plötzlich schon viel freundlicher aussieht, führt mich in einen sehr gemütlichen Raum mit zwei Holz-Stockbetten. Aus einem zweiten Raum mit sechs weiteren Stockbetten tönt lautes Schnarchen. Wie es scheint, habe ich das allerletzte Bett ergattert. Dankbar und sehr erleichtert stelle ich meinen Rucksack ab und beginne mich einzurichten. Leider wohne ich im oberen Bett, welches nur über einen Hocker zu erklimmen ist und mir artistische Kletterkünste abverlangt. Unter meiner Schlafstätte lugt lediglich eine dunkle Mähne aus dem Schlafsack hervor und auch im Bett daneben sind nur eingemummelte Gestalten auszumachen.

Leise packe ich meinen Rucksack aus und verschwinde erst einmal in den Waschraum, der zwar ein wenig beengt, aber sehr originell eingerichtet ist. Was irgend geht, von den Türgriffen, dem Spiegelrahmen bis zum Clopapierhalter, ist aus Holz gefertigt und scheint selbst geschreinert.

Ich genieße eine ausgiebige Dusche und schlüpfe in frische Klamotten, soweit man diese nach zehn Tagen Wanderung noch als frisch bezeichnen kann.

Wäsche waschen spare ich mir, dafür bin ich jetzt zu faul und trocknen würde sie heute sowieso nicht mehr. Lieber setze ich mich mit Schreibzeug und Tagebuch nach draußen auf eine Holzbank direkt am Haus und lasse meinen Blick über das originell gestaltete Gelände schweifen.

Im Garten steht auf steinernen Stelzen ein alter Kornspeicher aus verwitterten Holzlatten, daneben findet ein morscher Holzkarren Platz. Zwischen einem Rad des Karrens und einem alten, knorrigen Birnbaum ist eine Hängematte geknotet, die leise im Wind hin und her schwingt. Einzig die leuchtend türkisfarbenen Plastikgartenstühle und die ovalen Plastiktische in der gleichen grellen Farbe, passen nicht so richtig in dieses Ambiente.

Inzwischen regnet es heftig und es ist unangenehm kühl geworden. Ich lehne mich an die Hauswand und schaue hinaus in den Regen zum gegenüber liegenden Wald, der allmählich im Dunst verschwindet. Die Hängematte trieft schwer vom Regen, auf dem Hof haben sich große Pfützen gebildet und über den Himmel jagen dunkle Wolken. Vor Wind und Regen geschützt, genieße ich dieses unfreundliche Wetter und die gemütliche Stimmung.

Als ich schon langsam geglaubt habe, ich müsse den restlichen Tag alleine hier verbringen, kommen zwei Frauen aus dem Schlafraum und gesellen sich zu mir. Wie es sich herausstellt, sind sie Italienerinnen und da nur eine der beiden ein wenig englisch spricht, läuft unsere Unterhaltung eher schleppend. Nach und nach kommen auch die anderen Pilger aus ihren Betten gekrochen und der Hof füllt sich mit Leben. Ich erkenne die Gruppe Spanier, die bereits heute Vormittag an mir vorbei gezogen ist und freue mich über den netten Zufall!

Die gemütliche Pilgerherberge in Pontecampaña

Zu der Clique gehören ein Ehepaar mit Tochter im Teenie-Alter, der gemütlich runde Fernandez, der mich mit seinen grauen Haaren und dem grauen Schnauzer an einen gutmütigen Seehund erinnert, Jorge, ein attraktiver Endvierziger in lässiger Leinenhose, die mich eher an eine Pyjamahose erinnert und Roman, der mich mit einem breiten Lächeln und blitzenden Augen erkennt.

113

Da nur das Mädel etwas Englisch spricht und der Seehund mühevoll in seinem weit verborgenen Schulenglisch kramt, gestaltet sich die Unterhaltung zwar hauptsächlich nonverbal, dafür aber umso lustiger. Roman hat offenbar einen Narren an mir gefressen und balzt wie ein Hahn um meine Aufmerksamkeit zu erheischen. Er veranstaltet mit dem Pyjamahosenträger Jorge ein Spaßkämpfchen, balanciert auf dem schmalen Vorsprung des Kornspeichers und überreicht mir auf Knien eine Rose, die er im Vorgarten stibitzt hat.

Bei dem Versuch zumindest die grundlegenden Informationen auszutauschen - wie heißt du - woher kommst du - seit wann bist du auf dem Camino? - tritt eine weitere Pilgerin aus der Tür: „Du bist Deutsche? Ach wie schön und ich dachte, ich wäre hier nur von Italienern und Spaniern umgeben und könnte mich heute gar nicht mehr unterhalten!"

Dankbar setzt sich die hübsche, dunkelhaarige Johanna aus Salzburg neben mich auf die Holzbank. Sie ist gestern und heute jeweils sehr lange Etappen gelaufen und ziemlich erledigt. Johanna kränkelt ein wenig, hängt momentan ziemlich durch und hat massiven Redebedarf. Innerhalb kürzester Zeit kehrt sie ihr Innerstes nach außen und breitet ihr ganzes Leben vor mir aus. Ich höre erstaunt was die Österreicherin, die ich auf etwa Ende zwanzig schätze, bereits hat erleben müssen.

Nach langer Zeit, in der sie durch einen sehr dominanten Mann regelrecht unterdrückt wurde, hat sie es geschafft sich aus der Beziehung zu lösen und wurde erst vor wenigen Wochen geschieden. Mit der Trennung von ihrem Mann konnte sich Johanna auch von ihrer verhassten Körperfülle verabschieden und viele, viele Kilos abnehmen. Das Foto, welches sie mit sich trägt, zeigt eine sehr dicke, unförmige und unglückliche drein blickende Frau, in der ich sie niemals erkannt hätte. Johanna erzählt, dass sie sich eigentlich immer hässlich, dumm, wertlos und unfähig gefühlt hat. Um sich und allen anderen das Gegenteil zu beweisen, hatte sie sich vorgenommen auf den Jakobsweg zu gehen und niemand hatte ihr zugetraut, dass sie es tatsächlich durchzieht und schafft. Seit fünf Wochen ist sie nun unterwegs und kann es selbst kaum glauben ihr Ziel Santiago fast erreicht und den Weg mit Leichtigkeit bewältigt zu haben. Johanna erzählt überwältigt von sehr schönen Erfahrungen, tollen Menschen, großer Hilfsbereitschaft, sehr viel positiver Zuwendung und, dass sie sich auf dem Camino sehr verändert und völlig neu entdeckt hat.

Ihr Herz läuft über, die Worte sprudeln hervor, als hätte sie nur auf jemanden gewartet, dem sie endlich ihre Geschichte erzählen kann. Und obwohl wir uns vorher noch nie begegnet sind, bin ich es, der sie sich öffnen kann und mit dem sie ihre Emotionen teilen möchte. Eine Tatsache, die mich sehr berührt.

Während ich Johannas Erzählungen lausche, hört es auf zu regnen und die spanische Truppe versammelt sich auf dem Hof zum Spielen. Alle stehen um eine Art Tisch, auf dem ein Metallfrosch thront. Es gilt aus einiger Entfernung so viele Münzen wie möglich in das Froschmaul zu werfen. So ganz genau habe ich allerdings die Regeln nicht verstanden. Die Freunde sind mit viel Spaß und großem Hallo dabei und Roman geht es ganz besonders sportlich an, ohne mich dabei aus den Augen zu lassen.

Erfreulicherweise ruft uns der *hospitalero* endlich zum Essen, ich hatte schon befürchtet, mein lautes Magenknurren würde meine Mitpilger von ihrem Spiel ablenken. Wir treten in die Stube und setzen uns alle an den großen Esstisch, auf dem bereits etliche Flaschen Wein und große Karaffen mit Wasser verteilt sind. Roman, der den Platz neben mir ergattert hat, schenkt unsere Weingläser voll und gibt dann die Flasche reihum. Wir prosten uns mit einem spanischen Trinkspruch zu und während bereits die nächste Flasche die Runde macht, werden vom gut gelaunten *hospitalero* und einer ebenso gut gelaunten Señora große Suppenschüsseln mit dampfender Linsensuppe aufgetragen. Dazu gibt es dicke Scheiben des kräftigen spanischen Weißbrots, das ich sehr gerne mag. Danach langen wir bei Spaghetti mit Tomatensoße or-

dentlich zu und als ich glaube bereits satt zu sein, folgen als Hauptgericht, Hackbällchen in würziger Tomatensoße, gebratene Hähnchenteile
grüner Salat und noch mehr Brot.

Wunderbares Pilgermahl in sehr gemütlicher Runde

Ich habe keine Chance dankend abzulehnen, da Roman und Fernandez
mir eine ordentliche Portion auf den Teller schaufeln. Erwartungsvoll
beobachten sie mich, wärend ich mir ein Hackbällchen in den Mund
schiebe und nicken stolz und zufrieden, als ich versichere, dass es wirklich köstlich schmeckt. Nach dem Dessert, einer allzu köstlichen *Tarta
de Santiago* muss ich unbedingt einen *orujo*, die spanische Version des
Grappa, probieren, bin endgültig satt und ein wenig beschwipst und
amüsiere mich über den Heimatstolz meiner spanischen Freunde, die
meine Reaktionen beim Essen und Trinken genau beobachten. Zum
Abschluss stimmen die Spanier ein Volkslied an und der *hospitalero*
freut sich sichtlich, dass seine Gäste so guter Laune sind. Die Stimmung ist wunderbar und trotz einiger Sprachbarrieren verstehen wir uns
alle irgendwie. Es wird ein langer, lustiger, weinseliger Abend und für
Pilger eigentlich viel zu spät, finden wir den Weg ins Bett.

Trotz aller Anstrengungen zählt dieser Tag für mich mit zu den besten auf dem Camino. Es hat sich gelohnt, dass ich Palas de Rei davon gelaufen bin.

Pontecampaña – Ribadiso da Baixo (24 km)

Es ist noch dunkel als ich aufwache. Um mich herum ist bereits Aufbruchsstimmung und da es sowieso keine Ruhe mehr gibt, probiere ich, ohne abzustürzen und ohne allzu unelegant auszusehen, aus meinem oberen Bett zu steigen. Ohne Leiter und nur mit Hilfe eines Hockers ist das keine ganz einfache Angelegenheit. Meine Bedenken sind überflüssig, da die anderen Pilger so sehr mit Packen beschäftigt sind, dass sie mich gar nicht bemerken.

Als ich von meiner sehr kurzen Morgentoilette aus dem Waschraum zurückkomme, sind alle bereits weg. Es herrscht eine wunderbare Ruhe und so packe ich entspannt zusammen, gewinne meinen Kampf mit oder gegen den Schlafsack und warte draußen auf einer Bank sitzend, bis es so hell ist, dass auch ich loslaufen möchte.

Ein wunderschöner Weg, den ich bereits jetzt genieße. Nach kurzer Zeit holt mich die allzeit elegante Pariserin Catherine ein, die schon wieder flott unterwegs ist. Wir gehen eine Weile gemeinsam, und während ich mich bemühe, mir meine Atemlosigkeit bei dem ordentlich ansteigenden Weg nicht anmerken zu lassen, läuft sie leichtfüßig vor mir her und plappert dabei auf ihre sehr charmante französische Art munter in ihr Handy. Sie telefoniert mit ihrer *Maman*, wie sie mir später erzählt. So wie jeden Morgen, damit *Maman* beruhigt ist und weiß, dass es ihrem Töchterchen gut geht. An dieser Stelle möchte ich daran erinnern, dass die Tochter immerhin 70 Jahre alt ist!

Catherine hat in Palas de Rei übernachtet, wo sie ein selbstverständlich wundervolles Dinner mit einem fantastischen Wein hatte und großartig geschlafen hat. Mir knurrt der Magen, ich lechze nach Kaffee und sehne eine Bar herbei. Nachdem wir das Dorf mit dem wohlklingenden Namen Casanova hinter uns gelassen haben, wird mein Sehnen erhört und wir treffen auf eine Bar. Den Kaffeeduft bereits in der Nase kehre ich ein, während Catherine weiter eilt und ihren Weg nicht für ein schnödes Morgenmahl unterbrechen möchte. Erfreut treffe ich Roman und Jorge, die bereits Bier und Zigaretten frühstücken. Ich setze mich zu ihnen, entscheide mich aber doch lieber für *café con leche* und *tostadas*. Die Stimmung ist glänzend und sofort haben wir wieder viel Spaß miteinander. Als ich mich nach dem Frühstück hochmotiviert wieder auf den Weg begebe, bekomme ich noch den Hinweis auf den nächsten Treffpunkt: Ribadiso da Baixo. Ich nehme es zur Kenntnis, habe aber eigentlich das Bedürfnis wieder einmal etwas Privatsphäre zu genießen und denke daran, mir heute ein privates Quartier zu suchen.

Der Weg macht Spaß, das Laufen fällt mir leicht und so habe ich schnell Melide erreicht. In dieser Stadt, dem geografischen Zentrum Galiciens, pulsiert das Leben. Ich passiere viele nette Geschäfte, voll besetzte Bars, Restaurants und Pulperias. Sämtliche Pilger scheinen sich hier versammelt zu haben, um den angeblich Spaniens besten Pulpo zu probieren. Trotzdem kann ich auch hier diesem Meeresgetier nichts abgewinnen und kaufe in einem kleinen aber feinen Laden Brot, Käse und eine dicke Tomate.

Es ist herbstlich kühl, nieselt ein wenig und ich könnte eine Pause gebrauchen. Trotzdem gehe ich weiter, die Stadt ist mir zu viel und es drängt mich wieder in die Natur. Ich bin erstaunt, wie gut der Pilger sogar durch diese größere Stadt geleitet wird. Der Camino ist mit vielen gelben Pfeilen und Jakobsmuscheln gekennzeichnet und es ist überhaupt kein Problem diesen zu folgen. Mit einem sicheren und beruhigenden Gefühl durchquere ich Melide und befinde mich bald wieder im Grünen.

Der leicht hügelige Weg führt mich durch Wälder mit mächtigen Eichen und duftenden Eukalyptusbäumen. Erstaunlich, wie sehr sich die Landschaft verändert hat. In Kastilien war sie von Getreidefeldern geprägt, hier in Galicien überwiegen dichte Wälder mit Eichen, Kiefern, Esskastanien und Eukalyptusbäumen. Dort thronte auf jedem Kirchturm und jedem Mast mindestens ein Storchennest, hier sehe ich gar keine Nester mehr, dafür grüne Wiesen und saftige Weiden mit glücklichen Kühen, was ich in Kastilien kaum gesehen hatte. Zwar hatte auch die Landschaft Kastiliens ihren Reiz, Galicien jedoch gefällt mir viel besser.

Als sollten sich meine Gedanken bestätigen, taucht mitten im Wald vor mir ein fast märchenhaft anmutender Platz auf. Zwischen den Bäumen schlängelt sich ein breiter Bach, das glasklare Wasser plätschert im sandigen Bachbett über algenbewachsene Steine. Sonnenstrahlen fallen durch das Laub der Bäume, malen filigrane Muster auf den Waldboden und den Grund des Bachs und lassen die Wellen glitzern und funkeln. Irgendjemand hat diesen mystischen Ort mit Gebetsfahnen geschmückt, unter denen ich auf großen Trittsteinen ans andere Ufer balanciere. Zwischen den Bäumen entdecke auf einer kleinen Lichtung einen Esel, der in der Sonne steht und saftige Grashalme abzupft. Vorsichtshalber schaue ich noch einmal genauer hin und versichere mich, dass dort tatsächlich ein Esel und nicht etwa ein Einhorn grast.

Ich kann mich an diesem Anblick gar nicht satt sehen, bleibe noch eine ganze Weile beobachtend stehen und lausche dem Rauschen der Blätter und dem Murmeln des Bachs. Da nähert sich laut plappernd eine Gruppe von Pilgern und stört den Zauber dieses Moments. Sie überqueren den Bach, gehen grüßend an mir vorbei und lassen sich keine Sekunde aufhalten. Ihnen ist dieser Ort, der für mich so besonders scheint, gar nicht aufgefallen. Nun reiße auch ich mich los und setze meinen Weg fort, dankbar für die Schönheit dieser Natur.

Allmählich spüre ich, dass meine Kraft nachlässt und gönne mir auf einer großen Wiese eine ausgiebige Pause. Nachdem ich mir Brot, Käse und, inzwischen leider lauwarm temperiertes, Wasser habe schmecken lassen, strecke ich mich im Gras aus, blinzle in den Himmel und lausche dem Summen und Krabbeln im Gras. Gerne würde ich meine Trägheit noch ein wenig ausleben, muss mich aber allmählich nach einer Übernachtungsmöglichkeit umsehen. Es sind nur noch etwa 50

Kilometer bis Santiago, der Andrang so kurz vor dem Ziel ist groß und ich hoffe auf ein hübsches Einzelzimmer in Arzúa. Also raffe ich mich auf und wandere weiter auf dem stetig bergauf und bergab führenden Camino.

Nach einiger Zeit erreiche ich eine schön, gebogene Steinbrücke, die über den Fluss Iso führt. Auf der anderen Seite liegt, sehr romantisch, direkt am Wasser und hinter Bäumen versteckt, eine Pilgerherberge. Dies muss das ehemalige Pilgerhospiz sein, welches in meinem Unterkunftsverzeichnis beschrieben ist. Der Name dieser Oase - Ribadiso da Baixo – klingt für mich ähnlich wie ‚Paradies‘, was meinen Eindruck genau trifft.

An diesem zauberhaften Ort kann ich nicht vorbei gehen, trete durch ein Tor und stolpere über Kopfsteinpflaster in den Innenhof. Eigentlich möchte ich nur kurz einen Blick auf die Herberge werfen, als ich dann jedoch überall Pilger entspannt im Gras und direkt am Flüsschen sitzen sehe, ist mein Entschluss zu bleiben schnell gefasst.

Die idyllisch gelegene Herberge in Ribadiso da Baixo

Nachdem die Aufnahmeformalitäten erledigt sind und ich ein sehr gemütliches Bett in einem der ebenso gemütlichen Schlafräume belegt habe, stelle ich fest, dass ich wieder einmal Glück hatte und eines der letzten Betten ergattert habe. Etliche nachfolgende Pilger, die diesen reizvollen Platz ansteuern, werden abgewiesen und müssen enttäuscht zur nächsten Alberge weiterziehen. Durch glückliche Umstände hat mich der Weg, von mir gänzlich ungeplant, an diesen schönen Ort geführt. Und als Tüpfelchen auf dem i treffe ich hier auf viele Pilgerbekanntschaften, die mir auf meinem bisherigen Weg wichtig geworden sind. Die Freude ist allseits groß, wir haben uns viel zu erzählen und verabreden uns zum gemeinsamen Abendessen im nahe liegenden Restaurant.

Vorher jedoch stehen Körper- und Wäschepflege an. Also packe ich Duschzeug, frische Kleidung und Schmutzwäsche zusammen und gehe über den großzügigen Platz zu den Waschräumen, die sich in einem ungeheizten Gebäude befinden. Da ein sehr kühler Wind um die halboffenen Duschkabinen weht, fällt die Dusche entsprechend kurz aus und fröstelnd stehe ich an einem der Waschbecken um Socken, Unterwäsche und T-Shirt zu waschen. Ein Gutes hat der Wind, die Wahrscheinlichkeit, dass die auf der Wäscheleine flatternde Wäsche trotz der niedrigen Temperatur heute noch trocknet ist groß und ich werde morgen nicht feuchte Wäsche in den Rucksack packen müssen.

Nach Beendigung meiner Pilgerpflichten schlendere ich ein wenig über das großzügige Gelände der Herberge und lasse mich auf der Treppe nieder, die hinunter in das Flüsschen Iso führt. Von meinem Platz aus sehe ich, dass noch immer viele Pilger die alte Steinbrücke überqueren, weiter in Richtung Arzúa wandern oder mit müdem Schritt zur Herberge abbiegen, wo sie leider abgewiesen werden müssen, da längst alle Betten belegt sind.

Bei entsprechenden Temperaturen eignet sich dieser Ort als ideale Badestelle und ich stelle es mir wunderbar vor, im glitzernden Wasser mit den Zehen zu wackeln oder sich im erfrischenden Nass abkühlen zu können. Doch selbst zum Zehen wackeln ist es heute zu kalt.

Auf der Wiese haben sich einige Pilger zusammengefunden, um eine kleine Andacht abzuhalten, sitzen im Kreis auf umgelegten Baumstämmen, beten und singen miteinander und scheinen sehr versunken in ihr Tun.

Einige Pilger haben sich auf einer der zahlreichen Bänken zurückgezogen und schreiben Notizen in ihr Tagebuch, andere sitzen zusammen und tauschen ihre Erlebnisse aus. Die Atmosphäre ist sehr entspannt und friedlich, trotzdem bilde ich mir ein, ein aufregendes Kribbeln in der Luft zu verspüren. Irgendwie liegt, kurz vorm Ziel unseres Pilgerweges, nur noch wenige Kilometer vor Santiago, eine ganz spezielle Stimmung über dem Ganzen.

Mein Magen meldet Hunger und glücklicherweise ist es inzwischen Zeit für das Abendessen. Im Restaurant haben sich an einer langen Tafel bereits viele meiner Pilgerwegbegleiter zusammen gefunden. Eine bunt zusammengewürfelte Truppe Menschen jeden Alters aus Deutschland, Österreich, Frankreich, Italien und Spanien. Ich entdecke, lässig an die Theke gelehnt, Jorge und Roman, meine beiden charmanten Kavaliere. Zumindest waren sie das noch heute Morgen, jetzt allerdings flirten sie heftig mit der rassigen Schönheit hinter der Theke und scheinen mich nicht zu bemerken. So schnell ändern sich die Zeiten!

Doch es bekümmert mich nicht und ich setze mich zu meinen Pilgerfreunden. Wir haben uns viel zu erzählen, die Stimmung ist ausgelassen und wir fühlen uns auf ganz eigene Art miteinander verbunden. Adressen und Telefonnummern werden ausgetauscht und wir wissen, dass sich unsere Wege schon bald wieder trennen werden und jeder sich sehr bald auf seinen Weg nach Hause und zurück in seinen Alltag begeben wird.

Es wird nicht nur ausgiebig gegessen, viel Wein getrunken und viel gelacht, es ergibt sich auch, für mich zum ersten Mal auf dem Weg, ein

Gespräch darüber, was einem der Camino bringt, gebracht hat und bringen sollte.

Welche Erwartungen hatte ich? Eigentlich war ich hauptsächlich neugierig. Auf den Weg, auf das, was so viele Menschen auf den Jakobsweg, besonders auf den Camino Francés, treibt und so viele Menschen in seinen Bann zieht.

Auch mich hat es gepackt, das Camino-Fieber. Ein Gefühl, welches man nicht erklären kann. Den Weg muss jeder selbst erleben und jeder erfährt ihn anders.

Fast alle der Mitpilger wollen übermorgen in Santiago sein. Ich habe eigentlich vor erst am Sonntag dort anzukommen und hatte noch zwei Übernachtungen vorgesehen. Mein Plan war, die letzte Nacht auf dem Monte do Gozo, dem Berg der Freude, etwa fünf Kilometer vor dem Ziel, zu verbringen und am Sonntagmorgen langsam und feierlich, die letzte Strecke ausgiebig genießend, in Santiago einzulaufen. Nun aber bin ich am Schwanken und stelle es mir viel reizvoller vor, den Moment gemeinsam mit meinen liebgewonnen Pilgerfreunden zu erleben.

Leider werden für uns auch heute die Herbergsregeln nicht außer Kraft gesetzt. Wenn wir nicht unter freiem Himmel schlafen wollen, müssen wir unsere gemütliche Runde aufheben und in unsere Betten huschen, bevor die Türen der Herberge verschlossen werden. Wir verabschieden uns voneinander und ich schlendere noch einmal an den Fluss hinunter, genieße die Stille und staune über einen unglaublichen Sternenhimmel. Die Milchstraße, an der sich der Camino Francés, der Sternenweg, wie er auch genannt wird, orientiert, ist gut zu erkennen.

Da höre ich ein Flüstern hinter mir und beim Umdrehen bemerke ich Jorge und Roman. Roman kommt näher, stellt sich neben mich, nimmt mich in den Arm, zeigt auf das Wasser und in die Sterne und raunt etwas von *romántico*. Wie wahr! Wenn dies keine romantische Stimmung ist, was dann. Er versucht mich zu küssen. Nicht aufdringlich, sondern zart und eher scheu. Ich möchte nicht darauf eingehen, ein Flirt auf dem Jakobsweg ist nicht das was ich möchte. Ich wende mich zum Gehen und wünsche lächelnd eine gute Nacht. Roman hält mich zurück und deutet mir mit bedauerndem Blick, dass er wenigstens einen Tanz haben möchte. Eh ich mich versehe, hat er mich im Arm und schwingt mich über die Wiese, während sein Freund Jorge voller Inbrunst eine spanische Liebesarie in die Nacht schmettert. Damit kehrt sich die Situation wieder ins Humorvolle, lachend verabschieden wir uns und jeder zieht sich in sein Schlafgemach zurück. Mit schönen Gedanken über diesen besonderen Abend kuschle ich mich in meinen Schlafsack, lausche noch eine Weile den vertrauten Geräuschen meiner zahlreichen Zimmernachbarn, bis auch ich einschlummere.

Ribadiso da Baixo – Pedrouzo (23 km)

Ach, mal wieder so richtig ausschlafen können! So sehr ich den Weg genieße, allmählich freue ich mich auf zu Hause.

Ich hänge noch ein wenig meinen Gedanken nach und beobachte die Umtriebigkeit, die schon wieder am sehr frühen Morgen herrscht. Gespannt beobachte ich ein interessantes Phänomen: Je leiser und rücksichtsvoller sich der Pilger verhalten will, umso lauter raschelt er mit Plastiktüten, umso heftiger poltert er durch den Raum und umso öfter haut er geräuschvoll seinen Rucksack gegen Bettpfosten.

Es hilft nichts, schließlich quäle auch ich mich müde aus dem Schlafsack und beneide die Pilgerin im Bett über mir, die noch immer träumt und sich durch nichts erschüttern lässt. Unausgeschlafen erledige ich meine Morgentoilette und packe - selbstverständlich bemüht rücksichtsvoll - meine Siebensachen zusammen.

Den Kampf mit dem Schlafsack muss ich an dieser Stelle nicht zwingend erwähnen, denn auch nach zwölf Tagen auf dem Camino hat sich daran nichts geändert. Geändert hat sich allerdings mein Verhalten am frühen Tag: Ohne Kaffee, ohne Frühstück, kein sprich-mich-bloß-noch-nicht-an Gehabe. Trotz andauerndem Schlafmangel bin ich nach kurzer Anwärmphase wach und voll da. Hallo Welt, ich komme! Das glauben mir meine Lieben daheim, die mich als Morgenmuffel kennen, niemals.

Nach kurzer Zeit stolpere ich in bester Laune erwartungsvoll hinaus in den Tag. Draußen erwartet mich bereits Roman und möchte mit mir frühstücken. Nun ja, soweit geht es dann doch nicht, ein wenig morgenmuffeln muss ich schon noch. Ich lehne freundlich ab, lasse undankbar meinen hartnäckigen Verehrer zurück und begebe mich auf den Weg. Nach kurzer Zeit hat er mich, schwer nach Luft japsend, eingeholt und strengt sich an, auffallend unbeeindruckt von meiner inzwischen sehr guten Kondition, mit mir Schritt zu halten. Seiner sehr bemühten und charmanten Art kann ich dann doch nicht länger widerstehen und in angemessenem Tempo laufen wir gemeinsam weiter. Roman und ich praktizieren deutsch-spanische Konversation und mit Hilfe pantomimischer Untermalung und in den Sand gemalter Hinweise erfahre ich, dass er nur wenige Kilometer von Santiago entfernt wohnt, in einer Werft arbeitet, ein Kind hat und jedes Jahr gemeinsam mit seinen Freunden die letzten hundert Kilometer nach Santiago läuft, um seine *compostela* und damit den Erlass seiner Sünden zu erhalten. Von einer Frau oder Freundin ist nicht die Rede und ihn danach zu fragen, würde jetzt nicht passen.

Es nieselt leicht und als wir kurz vor Arzúa aus dem Wald treten, spannt sich ein wunderschöner Regenbogen in leuchtenden Farben vor uns über die Landschaft. Wir bleiben gebannt stehen, Roman legt vertraut seinen Arm um mich und begeistert erfreuen wir uns an diesem großartigen Bild. Schon wieder ein überaus romantischer Augenblick und immer noch prallen Amors Pfeile an mir ab.

Als wir Arzúa erreichen, beschließen wir, dass es Zeit für ein Frühstück ist. Wir betreten gleich die erste Bar und treffen auf Romans Freund Jorge, der bereits ein Bier vor sich stehen hat. Roman und ich bestellen uns *café con leche* und *tostadas* und während ich mein noch warmes, geröstetes Weißbrot mit Margarine und Marmelade bestreiche, beträufelt Roman seines großzügig mit Olivenöl und verzehrt es genießerisch. Diese, von vielen Spaniern praktizierte Gepflogenheit, ist mir noch immer etwas suspekt und obwohl Olivenöl sicher gesund und hier überall sehr hochwertig ist, habe ich mich daran noch nicht gewöhnt. Jorge bestellt sich ein zweites Bier und der Griff zur Zigarette wird von Roman mit strafendem Blick erfolgreich abgemahnt. Nach einer Weile verabschiedet sich Jorge und auch wir beenden bald unsere Frühstückspause und wandern weiter durch eine sehr schöne Landschaft. Wir gehen auf Feldwegen und kleinen Sträßchen, laufen über Wiesen und durch duftende Eukalyptuswälder.

Nebenbei erhalte ich Sprachunterricht und lerne wirklich wichtige Worte wie: *perro* - Hund, *uvas* – Weintrauben, *izquierda* – links, *derecha* – rechts und *empinado* – steil. Steil ist der Weg zwischendurch tatsächlich, es geht stetig bergauf und bergab, mit nicht unerheblichen Steigungen. Ich laufe leicht und in zügigem Tempo, den Rucksack spüre ich gar nicht mehr. Nachdem ich zu Beginn unserer gemeinsamen Wanderung angespannt war, freue ich mich nun über Romans Gesellschaft, genieße wie er gut gelaunt und vor sich hin trällernd neben mir her läuft und amüsiere mich über seine Albernheiten.

Eukalyptusbäume säumen den Weg

Außerdem teilt er meine Freude an der Natur. Er pflückt ein Eukalyptusblatt vom Baum, zerreibt es leicht zwischen den Fingern und lässt mich die ätherischen Öle schnuppern. Er macht mich auf die unterschiedlichsten Vögel hoch in den Baumwipfeln aufmerksam, zeigt hinter flatternden Schmetterlingen her und versucht mir die unterschiedlichen Farne zu erklären. Schade, dass wir uns nicht besser verständigen können!

Gegen Mittag erreichen wir einen größeren Ort und treffen auf Romans Clique, die sich im Garten eines Restaurants versammelt hat und ihn bereits zu erwarten scheint. Mittagessen ist angesagt und nach intensivem Studieren der Speisekarte wird eine umfangreiche Bestellung aufgegeben. Ich möchte noch nichts essen und bestelle mir nur ein *aquarius lemon*, einen erfrischenden Energiedrink, den ich hier in Spanien kennengelernt habe. Als die Getränke kommen, bemerke ich sehr erstaunt, dass Roman sich Wasser bestellt hat. Wieder verzichtet er, offensichtlich in Rücksicht auf mich, auf sein gewohntes Bier, das er in den letzten Tagen oft und reichlich konsumiert hat. Ich habe ein komisches Gefühl im Bauch, da mir immer mehr bewusst wird, dass Roman es mit seinen Avancen mir gegenüber durchaus ernst meint. Sofort nachdem ich ausgetrunken habe verabschiede ich mich und lege, um etwas Abstand zu gewinnen, einen Zahn zu.

Während ich mit großen Schritten ausschreite, denke ich gerührt an meinen Verehrer Roman. Ich bedaure sehr, dass ich ihm nicht erklären kann, dass seine Bemühungen erfolglos sind. Dass ich mich nicht auf ein Abenteuer einlassen möchte und meine Gefühle einem anderen gehören. Ach - klingt das schmalzig.

Schnell holt mich die Realität wieder ein, ich habe Hunger, brauche eine Pause und entdecke in einem Restaurant Jutta und Rainer, die ebenfalls gerade für ihr leibliches Wohl sorgen. Ich setze mich zu ihnen und Rainer schwärmt mir von dem absolut großartigsten *bocadillo con queso* vor, welches er bisher auf dem Camino gegessen hat. Das muss ich selbstverständlich überprüfen und bald sitzen wir, zufrieden und einträchtig unser reichhaltig mit Käse und Tomaten belegtes Baguette kauend, beisammen.

Die letzten Kilometer bis Pedrouzo laufen wir gemeinsam und gemeinsam suchen wir in dem nicht sehr attraktiven Ort nach einer der beiden privaten Herbergen. Die staatliche Herberge möchten wir meiden, diese soll nämlich schmuddelig und sehr überlaufen sein. Nach einigen Schwierigkeiten haben wir schließlich Erfolg, beäugen die Pilgerunterkunft zuerst etwas skeptisch, da sie direkt an der stark befahrenen Hauptstraße liegt, sind aber schnell ziemlich begeistert. Drinnen ist vom Straßenlärm nichts zu hören, stattdessen empfängt uns angenehme Entspannungsmusik. Das Haus ist hell, groß und modern, die Schlafräume funktional aber freundlich und großzügig eingerichtet, mit viel Platz für alle Habseligkeiten. Die Duschen und Waschräume sind eben so sauber und ansprechend wie die gesamte Alberge. Hier lässt es sich gut aushalten und Kraft schöpfen für den Endspurt.

Auch hier fühle ich wieder die kribbelnde und erwartungsvolle Spannung in der Luft liegen und zugleich ist Wehmut zu spüren. Wehmut, die den Pilger so kurz vor dem Ziel ereilt, da bald alles vorbei sein wird. Wenn ich schon nach meiner zweiwöchigen Pilgerwanderung, nach nur etwa 270 km, so empfinde, wie muss sich das für die Pilger anfühlen, die den gesamten Camino Francés, also etwa 800 km, hinter sich gebracht haben? Für die ist das Ankommen in Santiago sicher ein großer, erhabener Moment.

Die meisten Pilger wollen morgen bis Santiago de Compostela laufen. Ich lasse mich von der Aufbruchsstimmung anstecken und habe schließlich meine Entscheidung getroffen. Ich möchte gemeinsam mit meinen Pilgerfreunden in der Stadt eintreffen und nicht erst übermorgen alleine am Ziel ankommen. Pläne sind dazu da, über den Haufen geworfen zu werden! Im Verlauf der letzten zwei Wochen habe ich schon oft statt nach der Vernunft nach meinem Gefühl gehandelt, habe mich oftmals umentschieden und wurde dabei jedes Mal positiv überrascht, so soll es auch jetzt sein. Jutta und Rainer freuen sich über meine Entscheidung und wir beschließen, morgen gemeinsam nach Santiago zu gehen und sehr früh zu starten. Es liegen etwa zwanzig Kilometer vor uns, wir wollen unbedingt rechtzeitig die Kathedrale erreichen und um 12 Uhr an der Pilgermesse teilnehmen. Schnell schicken wir noch den Wunsch ins Universum, morgen möge der *botafumeiro*, der große Weihrauchkessel, geschwungen werden und machen uns auf die Suche nach einem Restaurant, in dem wir unser letztes Abendessen als Pilger einnehmen können. In Santiago angekommen, sind wir nämlich keine Pilger mehr.

Wir flanieren die Hauptstraße hinauf und wieder hinab, werfen einen Blick in die Seitenstraßen, können aber kein wirklich ansprechendes Restaurant entdecken. Also entscheiden wir uns für eine Art Schnellimbiss mit Terrasse direkt an der Straße und sind positiv über den freundlichen Service und das sehr gute Essen überrascht. Da wir an diesem Standort kaum zu übersehen sind, werden wir von der Pariserin Catherine entdeckt, die noch drei weitere Pilgerinnen, eine Dänin und zwei Irinnen, im Schlepptau hat. Die vier Frauen gesellen sich zu uns und es wird noch ein sehr ausgelassener Abend. Die beiden Irinnen sind köstlich und haben einen unglaublichen Humor. Ich bin den beiden Frauen in der Vergangenheit bereits ab und zu begegnet, es ergab sich aber bisher noch keine Gelegenheit sich näher kennen zu lernen.

Den beiden eilt der Ruf voraus, sie wären ständig betrunken, nur auf Sex aus, würden sich extrem auftakeln und jeden Mann anmachen um auf ihre Kosten zu kommen. Nun höre ich auf sehr humorvolle Art ihre Version der Geschichte:

„Ich suche einen Mann für meine Freundin", erzählt Eileen. „Sie ist Witwe und mit 45 noch viel zu jung um alleine zu bleiben. Also habe ich sie auf den Jakobsweg geschleppt, hier wimmelt es schließlich von Männern. Wir tragen viel zu schweres Gepäck mit uns, denn in unserem Alter reichen Lippenstift und Lidstrich an Kosmetik nicht mehr aus, die Funktionskleidung ist nicht wirklich sexy und die Haare sollen schließlich auch perfekt sitzen. Die Konkurrenz ist groß, also muss „frau" etwas tun um sich von der Masse abzuheben."

Die Pilgerin auf Freiersfüßen erzählt mit einem solchen Temperament und blitzenden Augen, dass wir uns vor Lachen die Bäuche halten. Die Freundin, um die es eigentlich geht, ist ein wenig zurückhaltender, ihr scheint die ganze Sache eher etwas unangenehm, aber auch sie hat den Schalk im Nacken.

„Geklappt hat es bisher leider nicht. Die Männer waren nicht interessiert, zu langweilig, nicht attraktiv oder liiert. Also einen Mann für meine Freundin habe ich nicht gefunden, aber wir hatten eine sehr schöne Zeit und haben viele nette Menschen getroffen."

Mit dieser offensiven Art kann nicht jeder umgehen, vielleicht hatten die beiden charmanten und humorvollen Frauen deshalb den Ruf als Sexmonster.

Dennoch kann Catherine von einem *Happy End* berichten. Die Österreicherin Johanna, der ich in Pontecampaña begegnet war, hat in einem Mitpilger ihren Traumprinzen getroffen und die beiden sind sehr verliebt. Auch Johanna ist hier in Pedrouzo, liegt aber leider mit heftigen Bauchkrämpfen im Bett. Anscheinend ist ihr das Wasser aus einem der Brunnen nicht bekommen und sie wird leider morgen nicht mit Santiago laufen können. Ihr Prinz war unglücklicherweise bereits weiter gegangen, die beiden hatten geplant sich morgen in Santiago zu treffen. Nun ist Johanna ohne ihn in Pedrouzo und wird so lange in der Herberge bleiben, bis sie sich wieder erholt hat. Schade! Es ist sicher nicht schön, wenn man kurz vor dem Ziel zurückbleiben muss und sich seinen Mitpilgern nicht anschließen kann. Johanna wird Santiago erst ein bis zwei Tage später erreichen.

Auch diesen Abend müssen wir viel zu früh beenden, aber letztendlich soll man gehen, wenn es am Schönsten ist.

Auf dem Weg zur Alberge treffen wir Roman und seine Freunde. Sie sind erst jetzt auf dem Weg zum Essen und Roman schaut mir sehnsüchtig hinterher, als wir die Einladung auf ein Glas Wein ablehnen. Wir befürchten, ansonsten unsere Herberge nicht rechtzeitig zu erreichen und vor verschlossener Tür nächtigen zu müssen.

In der Herberge ist es schon sehr ruhig, viele Pilger schlafen bereits, sicher wollen nicht nur wir morgen früh aufbrechen. Leise richten wir alles schon so weit, dass wir möglichst schnell los kommen und begeben uns bald in unsere Betten. Ich bin aufgeregt, habe Bedenken zu verschlafen, bewege viele Gedanken in meinem Kopf und schlafe trotzdem bald ein.

Pedrouzo – Santiago de Compostela (20 km)

„Guten Morgen, aufstehen!" Wir hatten verabredet, dass Jutta uns weckt und das tut sie erbarmungslos, obwohl ich mich noch in meinen schönsten Träumen befinde. Völlig verpennt schäle ich mich aus meinem Schlafsack und tapse in den Waschraum. Hier schaue ich mich erstaunt um und überlege, ob ich vielleicht doch schlafwandle. Auf dem Boden des kleinen Raums sind Unmengen von Schminkutensilien und Kleidungsstücken verteilt. Das ‚Sexmonster' Eileen steht, mit Lockenwicklern in den Haarspitzen, vor dem Spiegel über einem der beiden Waschbecken und ist damit beschäftigt Make-up aufzulegen. Mit einem unwiderstehlichen Lächeln rafft sie entschuldigend ihre Sachen zusammen.

Ich bin völlig fasziniert! Während ich mit müden, kleinen Augen einen kurzen Blick in den Spiegel werfe, versuche meine verwuschelten Haare ein wenig zu bändigen, Zähne putze und Katzenwäsche betreibe, verwandelt sie sich in Windeseile in eine perfekt gestylte Lady. Vielleicht hilft es ja. Ich verabschiede mich mit einem verschlafenen *„buen camino!"* zurück in den Schlafsaal, wo Jutta und Rainer bereits auf mich warten. Gemeinsam stolpern wir nach draußen in den frühen, noch sehr dunklen Morgen.

Wir haben Orientierungsschwierigkeiten und es dauert einige Minuten, bis wir uns an die Dunkelheit gewöhnt und die richtungsweisende Jakobsmuschel gefunden haben. Wir laufen schweigsam nebeneinander her und konzentrieren uns auf den unebenen Waldweg. Jutta besitzt als einzige eine Stirnlampe und wir nehmen sie in unsere Mitte, in der Hoffnung ab und zu etwas von dem Lichtkegel zu erhaschen. Noch sind nicht sehr viele Pilger unterwegs, auszumachen meist nur an, über den Boden huschende Lichtkreise ihrer Stirnlampen oder über das Klack-Klack der Wanderstöcke. Ansonsten ist es sehr still. In den Eukalyptuswäldern, durch die wir laufen, wohnen nur sehr wenige Vögel und diese schlafen vermutlich noch. Da wir nicht wissen wie gut wir auf dem noch vor uns liegenden Weg vorankommen werden, gehen wir sehr schnell, immer den zwölf Uhr Pilgergottesdienst im Sinn. Nach einer Weile durchqueren wir einen kleinen, noch schlafenden Ort, in dem es nicht ganz so dunkel ist, stolpern aber bald wieder einen steilen Waldweg hinauf. Ich bedaure ein wenig nichts von der Landschaft erkennen zu können und bin froh, bisher immer Wert darauf gelegt zu haben frühestens in der Morgendämmerung zu starten.

Langsam wird es hell und als wir die Anhöhe erreicht haben, die uns auf den Weg um das Rollfeld des Flughafens von Santiago bringt, erfreuen wir uns an einem wunderschön gefärbten Morgenhimmel. Wir gönnen uns eine kurze Verschnaufpause um dieses Schauspiel zu genießen, spurten aber, getrieben von einer fast magischen Anziehungskraft, schnell wieder los.

Immer wieder ein Blick auf die Uhr, wir sind gut in der Zeit. Zum ersten Mal seit ich auf dem Camino unterwegs bin, lasse ich mich von der Uhrzeit leiten. Sofort nach der Ankunft in Astorga hatte ich meine Armbanduhr im Rucksack verschwinden lassen und habe, abgesehen von den Schließungszeiten der Herbergen, nach meiner inneren Uhr gelebt.

Inzwischen ist es Tag, leider ist jedoch der Himmel wolkenverhangen und es nieselt ein wenig. Nach einer Weile taucht vor uns im Dunst ein Holzwegweiser mit der Aufschrift - Santiago de Compostela - auf.

Aber dies ist nicht etwa nur ein schnödes Hinweisschild – weit gefehlt! Dies ist das erste Hinweisschild mit dem magischen Namen - *Santiago de Compostela.*

Ich muss es fotografieren, um mich zu Hause beim Betrachten des Fotos an diesen besonderen Moment zu erinnern. Und niemand wird verstehen, weshalb ich dieses wenig aussagekräftige Motiv festgehalten habe.

In sanftem Auf und Ab wandern wir auf einem breiten Kiesweg, vorbei an viel Grün und haben schließlich das Rollfeld des Flughafens umrundet, der nicht als solcher zu erkennen war. Nicht einmal Fluglärm war zu hören.

Nach kurzer Zeit verlassen wir den Wald, gelangen an eine breite, verkehrsreiche Straße, der wir eine Weile folgen und schon wieder erwartet uns ein Highlight. Ein mannshoher Stein, in den Pilgerstab mit Kalebasse, Jakobsmuschel und der Schriftzug ‚Santiago' eingemeißelt sind. Erneut müssen wir eine Fotopause einschieben, um uns gegenseitig vor, hinter und neben dem legendären Denkmal abzulichten. Jetzt kann es bis Santiago nicht mehr weit sein, obwohl wir den Monte do Gozo noch nicht erreicht haben, von dem aus es noch etwa 5 km bis zur Kathedrale sind.

Als wir in den nächsten Ort gelangen, beschließen wir eine Rast zu machen und uns in einer Bar ein Frühstück zu gönnen. Eine gute Entscheidung, denn nun spüre ich, dass ich nicht nur sehr hungrig bin sondern auch großen Durst habe. In unserem Spurt zum Pilgergottesdienst haben wir kaum Trinkpausen eingelegt.

Mit der Bar haben wir einen ausgesprochenen Glücksgriff getan, sie ist sehr nett und dementsprechend gut besucht. Die Bar ist modern und ansprechend eingerichtet und wie es scheint, kann man hier auch übernachten. Im hinteren Bereich des Gebäudes stehen Wanderschuhe und Stöcke vor den Zimmertüren, im schmucken Innenhof laden Liegestühle zum Ausruhen ein.

Wir haben einen der wenigen Plätze unter dem Vordach erwischt und wir sehen von unserem trockenen Plätzchen aus die Pilgerscharen im Nieselregen vorbei marschieren. Auf den letzten Kilometern ist es auf dem Jakobsweg sehr voll geworden und eine große Anzahl von Pilgern bewegt sich zu dem Ziel Santiago.

Da sehr viele die Möglichkeit zu einem Frühstück nutzen, müssen wir eine ganze Weile warten und werden allmählich ungeduldig. Als wir unsere Bestellung endlich erhalten, sind die *tostadas* ziemlich angebrannt, der *café con leche* nur lauwarm, dennoch ist es für uns ein köstliches Frühstück, welches wir zufrieden verschmausen.

Wir genießen unsere Pause, lassen uns jedoch bald wieder von der allgemeinen Stimmung anstecken, die alle vorantreibt. So, als würde Santiago heute Nachmittag nicht mehr existieren und alle wollen noch vorher dort ankommen. Ein Blick auf die Uhr gibt uns die Laufgeschwindigkeit vor. Wir haben noch mehr als zwei Stunden Zeit, aber der Monte do Gozo liegt noch immer vor uns.

Zwölf Uhr Pilgergottesdienst! - Wie ein Mantra sagen wir uns diesen Satz immer wieder vor, der wie ein Doping wirkt. Ich nehme die Landschaft um mich herum gar nicht so richtig war, sie ist heute nicht wichtig für mich.

Der Weg steigt stetig an und wird immer steiler, dies muss nun endlich der Anstieg zum Monte do Gozo sein.

Zu allem Überfluss fängt es immer heftiger an zu regnen und wir müssen, nur wenige Kilometer vor dem Ziel, unser Regenzeug hervorholen - zum ersten Mal seit ich auf dem Camino unterwegs bin. So hat sich die Anschaffung des Regencapes wenigstens gelohnt und ich habe das Teil nicht unnötig mit mir herum getragen.

Im Regen erreichen wir endlich den Berg der Freude mit dem gewaltigen Denkmal. Der aufregende Moment des ersten Blicks auf die Türme der Kathedrale von Santiago, bleibt uns in Anbetracht des schlechten Wetters allerdings verwehrt. Die Stadt, die vor uns im Tal liegt, bleibt im Nebel verborgen.

Von hier aus haben wir noch etwa eine Stunde Fußmarsch vor uns und wir gönnen uns eine kurze Pause. Einen schnellen, doch andächtigen Blick in die kleine Kapelle, einen Moment auf einer Mauer sitzen und ausruhen.

Hier oben herrscht ein unglaubliches Kommen und Gehen. Viele Bustouristen wimmeln umher, fotografieren sich gegenseitig vor dem Denkmal und bestaunen die Pilger.

Für uns läuft nun der Countdown, unser Ziel befindet sich in greifbarer Nähe. Ab jetzt führt der Weg nur noch bergab. Bald erreichen wir die ersten Häuser von Santiago, wandern ein Stück parallel zu einer Umgehungsstraße, überqueren die Autobahn und laufen hintereinander im Gänsemarsch über eine Eisenbahnbrücke.

Inzwischen hat der Regen aufgehört und die Sonne blitzt wieder hinter den Wolken hervor.

Der Weg hinein in die Stadt, entlang verkehrsreicher Straßen, zieht sich ewig. Wir laufen an modernen Häusern vorbei, an voll besetzten Bars, an Läden, Banken, Autohäusern und haben keine Ahnung wie weit es noch bis zur Kathedrale ist.

Kurze Rast auf dem Monte do Gozo

Im Pulk in die Stadt

139

Schweigsam und müde eilen wir den Weg entlang und noch immer weist uns die Jakobsmuschel den Weg.

Allmählich werden wir nervös und verabschieden uns von dem Gedanken, rechtzeitig zur Pilgermesse in der Kathedrale anzukommen.

Endlich! Nachdem wir im Pulk vieler Menschen eine Fußgängerampel überquert haben, haben wir die Altstadt erreicht.

Wir eilen durch die Porta do Camiño, als die mächtigen Glocken der Kathedrale zu läuten beginnen, um die Menschen zum Gottesdienst zu rufen.

Wir stolpern durch die engen Gässchen der Altstadt und sehen plötzlich einen großen Platz vor uns. Links von uns erhebt sich ein beeindruckendes Gebäude.

Durch das Nordportal betreten wir die Kathedrale von Santiago de Compostela ….. - die Pilgermesse beginnt!

Nachwort

Was den Reiz des Caminos ausmacht? Ich weiß es nicht! Auch nachdem ich selbst auf dem Jakobsweg unterwegs war, weiß ich es nicht.

Diese Frage muss jeder für sich selbst beantworten und jeder erlebt den Pilgerweg anders.

In Santiago anzukommen und den Pilgergottesdienst zu erleben, war ein unglaublicher Moment. Obwohl ich die ganze Zeit stehen musste, da die Kathedrale bis auf den allerletzten Platz besetzt war, die Füße und der Rücken weh taten und alles mehr oder weniger wie ein Film an mir vorüber lief. Erst als ich am nächsten Tag ein zweites Mal am Gottesdienst teilnahm und die ankommenden Pilger beobachtete, wurde ich mir meiner eigenen Emotionen bewusst.

In Santiago angekommen, ist es üblich sich gegenseitig zu umarmen und zu beglückwünschen, dass der Weg einen gesund und wohlbehalten ans Ziel gebracht hat. Dabei ist es gleichgültig, ob man 100, 300, 1000 oder mehr Kilometer unterwegs war. Es ist ein großartiges Gefühl die Weggefährten wieder zu treffen, die man unterwegs getroffen hat. Auch Roman und ich sind uns ein letztes Mal begegnet. Während des Gottesdienstes, unter hunderten von Menschen, stand er plötzlich hinter mir, um mich mit einer sehr innigen Umarmung an meinem Ziel zu begrüßen, bevor er gemeinsam mit seinen Freunden wieder unter den anderen Pilgern verschwand.

Auch in den beiden darauffolgenden Jahren war ich auf dem Camino Francés unterwegs und habe nun die gesamte Strecke von Saint-Jean-Pied-de-Port bis Santiago de Compostela zu Fuß bewältigt. Den Weg habe ich jedes Mal anders, aber jedes Mal großartig erlebt.

Inzwischen bin ich Stammgast bei zwei Pilgertreffs in der näheren Umgebung, habe viele wertvolle Pilgerfreunde getroffen, so manche spannende Erfahrung gemacht und hoffe, noch etliche Wege gehen zu können.

Übrigens,

Ähnlichkeiten mit lebenden Personen sind gewollt und nicht erfunden. Geändert habe ich die Namen, um die Personen nicht in Verlegenheit zu bringen. So können alle jederzeit behaupten sie seien nicht gemeint.

Ansonsten habe ich alles so aufgeschrieben, wie ich es erlebt und noch in (sehr guter) Erinnerung habe.

Buen camino! ......